# POÈTES
# MORALISTES
DE LA GRÈCE 1542

8° Yb
336

*a*

LE MANS. — IMPRIMERIE EDMOND MONNOYER.

# POÈTES MORALISTES DE LA GRÈCE

HÉSIODE, THÉOGNIS
CALLINUS, TYRTÉE
MIMNERME, SOLON, SIMONIDE D'AMORGOS
PHOCYLIDE, PYTHAGORE, ARISTOTE

NOTICES ET TRADUCTIONS
PAR
MM. GUIGNIAUT, PATIN, JULES GIRARD
MEMBRES DE L'INSTITUT
ET L. HUMBERT
PROFESSEUR AU LYCÉE CONDORCET

PARIS
GARNIER FRÈRES, LIBRAIRES-ÉDITEURS
6, RUE DES SAINTS-PÈRES, 6

# AVERTISSEMENT DES ÉDITEURS

Nous croyons nécessaire de donner quelques explications au sujet du volume que nous publions sous le titre général de *Poètes moralistes de la Grèce*.

La première partie, la plus importante, contient les traductions des œuvres d'Hésiode et de Théognis de Mégare.

Ces traductions sont de M. Patin, secrétaire perpétuel de l'Académie française; restée inédite du vivant de l'auteur, celle de Théognis avait été, après sa mort, et par les soins pieux de MM. Egger et Jules Girard, imprimée une première fois dans l'*Annuaire de l'Association pour l'encouragement des études grecques*; nous avons été autorisés à la reproduire, et nous en remercions l'Association.

La traduction d'Hésiode est précédée d'une savante Notice de M. Guigniaut, secrétaire perpétuel de l'Académie des Inscriptions et Belles-Lettres. M. Jules Girard, membre de la même Académie, a bien voulu faire connaître, dans un intéressant préambule, en quelles circonstances a été composée cette Notice et pourquoi nous tenions à la publier.

Nous devons également à M. Jules Girard la Notice sur Théognis de Mégare. Nous sommes heureux de faire connaître ces pages inédites de l'auteur du *Sentiment religieux en Grèce, d'Homère à Eschyle,* et d'avoir pu joindre son nom à ceux de MM. Guigniaut et Patin.

La dernière partie de notre volume contient les traductions d'œuvres qui, pour être plus courtes, n'en occupent pas moins une place importante dans l'histoire des lettres anciennes.

Ce sont d'abord les *Élégies* de Callinus et de Tyrtée ; elles ont été traduites par M. Humbert, professeur au lycée Condorcet. Il a eu le bonheur de pouvoir faire précéder sa traduction de Tyrtée d'une remarquable

Notice écrite autrefois par M. Guigniaut pour la *Biographie générale*. Nous remercions M. Didot d'avoir bien voulu nous autoriser à la réimprimer.

Les *Élégies* de Tyrtée sont suivies des trop rares fragments qui nous sont parvenus de Mimnerme, de Solon et de Simónide d'Amorgos. C'est pour la première fois, croyons-nous, qu'il paraît en français une traduction aussi complète de ces trois poètes ; elle est de M. Humbert.

Aux fragments de Phocylide, traduits aussi par M. Humbert, nous avons cru devoir joindre les *Sentences* attribuées autrefois à ce poète, et qui ont continué à être publiées sous son nom ; nous en avons pris une traduction ancienne qui se recommandait à nous par sa précision et son élégante simplicité. Elle est de P.-C. Lévesque, membre de l'Institut.

Notre volume se termine par des vers attribués à deux philosophes que l'on ne s'étonnera pas de trouver parmi les Poètes moralistes. Nous voulons parler des *Vers dorés* de Pythagore, qui ont un parfum si dénétrant d'honnêteté naïve et sérieuse, et de l'*Hymne à la Vertu* d'Aristote, cette œuvre immortelle que l'on a toujours considérée comme l'une des plus sublimes de l'antiquité.

GARNIER FRÈRES.

# HÉSIODE

# AVERTISSEMENT

En tête de la traduction de M. Patin, que l'Association pour l'encouragement des études grecques avait donnée dans son *Annuaire* et qu'elle nous autorise à reproduire, nous plaçons, comme l'introduction la plus naturelle, deux dissertations de M. Guigniaut, le contemporain de l'auteur et le compagnon de toute sa vie. On ne saurait d'ailleurs trouver de meilleure préparation à la lecture de ces vénérables monuments de la science religieuse et morale dans l'antiquité. Tout le monde sait que M. Guigniaut fut en France le véritable initiateur des études religieuses sur le monde ancien. Personne chez nous n'a possédé à un degré supérieur, ni peut-être même à un égal degré, non seulement les connaissances multiples qu'exigent ces difficiles sujets, mais aussi le sens de l'hellénisme qui les vivifie, ce rayon de pénétrante intelligence qui, à travers des ombres plus ou moins épaisses, y va chercher l'impression, le sentiment, l'idée d'où sont sorties ces œuvres naïves et profondes de l'imagination, de la foi, de la raison naissante. Ces deux dissertations consistent en une thèse soutenue à la Sorbonne en 1835 et intitulée *De la Théogonie d'Hésiode*, et en un article général sur Hésiode inséré en 1840 dans l'*Encyclopédie des gens du monde*. Une coupure nous a suffi pour les réunir, et en former un ensemble qui se tient et donne une idée assez complète du sujet.

Jules Girard.

# NOTICE SUR HÉSIODE

PAR

M. GUIGNIAUT

de l'Académie des Inscriptions et Belles-Lettres

———

Hésiode, dont le nom doit être pris, comme celui d'Homère, dans un sens tantôt individuel et tantôt collectif, fut à la fois le chef et le représentant de la seconde des deux grandes écoles de poésie épique, qui se partagèrent le domaine entier de l'esprit chez les Grecs, depuis la fondation des colonies éolo-ioniennes en Asie-Mineure et la prédominance des Doriens dans la Grèce d'Europe jusqu'à l'ère des Olympiades et à l'organisation définitive de la nation hellénique. Homère, s'emparant de la meilleure part des traditions héroïques et renouvelant sous le beau ciel de l'Ionie les chants historiques des Aèdes achéens, en avait fait sortir la véritable épopée. Hésiode, recueillant les légendes d'un caractère religieux ou moral, spéculatif ou pratique, dès longtemps élaborées par les fils des Muses, par les vieux chantres sacrés de l'Olympe et de l'Hélicon, leur imposa cette forme nouvelle de l'épopée ionienne et en fit comme le catéchisme poétique et populaire des Hellènes. Homme de réflexion encore plus que d'inspiration, et préoccupé du présent bien mieux que du passé, ou plutôt mettant le passé au service du présent pour l'instruire et pour l'améliorer, Hésiode n'a pas négligé comme Homère de nous parler de sa personne, des particularités de son temps. Nous savons par lui-même (et non pas seulement, ainsi qu'on l'a prétendu, par quelqu'un de ses premiers disciples, interpolateur de ses ouvrages,) que son père vint de Cyme ou Cume en Éolide chercher en Béotie le bien-être qu'il n'avait pu trouver dans sa patrie asiatique. Il s'établit à Ascra, sur le territoire de Thespies, non loin de l'Hélicon, et ce fut là, selon toute apparence, que naquit Hésiode si souvent nommé le poète d'Ascra. Livré avec les siens aux soins de l'agriculture dans ce canton peu favorisé du ciel, l'introduction de la *Théogonie*, d'accord avec les *OEuvres et Jours*, nous le dépeint paissant ses brebis au pied de la montagne, lorsqu'il reçut des Muses la branche de laurier, symbole de sa mission poétique. Plus tard, engagé avec son frère Persès, après la mort de leur père, dans un procès au sujet de leur commun héritage, il le perdit devant ces juges corrompus, devant ces « rois mangeurs de présents », dont il se vengea en flétrissant leurs voies tortueuses, et bien mieux encore, en faisant de ce débat de famille l'occasion de ces exhortations au travail, à l'ordre, à la justice, qui, dans la personne de son frère, s'adressaient à tous ses contemporains, et qui sont l'objet principal du poème des *Œuvres*. On veut, mais sur des indices peu sûrs ou même imaginaires, qu'il ait composé ce poème à Orchomène, où il se serait retiré, ayant pris Ascra en dégoût : ce qui est certain, c'est que les Orchoméniens montraient son tombeau dans leurs murs, mais en avouant qu'ils y avaient recueilli ses ossements apportés d'Ascra ruinée par les Thespiens ou qu'ils les avaient fait venir de Naupacte en Locride, sur l'ordre de la Pythie, pour délivrer leur ville de la peste par la possession de ce dépôt sacré. Quoi qu'il en soit, c'était un proverbe, chez les Grecs, que la longue vieillesse d'Hésiode ; c'était une tradition que sa double sépulture ; et pour le monument érigé en son honneur sur la place publique d'Orchomène, Pindare avait, dit-on, composé une inscription, que nous avons encore, où il est célébré comme ayant joui d'une double jeunesse, comme ayant obtenu deux tombeaux, comme ayant enseigné la mesure de la sagesse humaine.

De cette espèce d'auréole dont fut environnée de bonne heure la mémoire d'Hésiode, de ce prix singulier attaché à ses restes, aussi bien que des détails d'une légende mythique sur la mort violente qu'il aurait trouvée dans les environs de Naupacte, on a conclu, non sans quelque vraisemblance, quoique sans preuve positive, qu'il aurait été vénéré à titre de héros en Béotie et en Locride de même qu'Homère l'était à Chios. Il est sûr au moins que les provinces de la Grèce européenne, sans doute aussi la Phocide et l'Eubée, furent le théâtre sur lequel fleurit et se développa dans toutes ses variétés le genre de poésie dont il passe pour avoir été le créateur. Lui-même, il nous raconte, dans les *Œuvres et Jours,* qu'il aurait une seule fois franchi la mer, pour aller d'Aulis à Chalcis en Eubée prendre part aux jeux solennels, tenus dans cette ville par les fils d'Amphidamas à l'occasion des funérailles de leur père, qu'il y remporta le prix du chant consistant en un trépied, consacré par lui plus tard aux Muses Héliconiades, dans le lieu même où elles l'avaient visité de leur première inspiration. Ce récit, déjà suspect en soi, fut orné dans la suite de circonstances de plus en plus fabuleuses et devint à la fin le petit roman de la basse antiquité que nous avons sous le titre de *Combat d'Homère et d'Hésiode*. S'il y a quelque chose d'historique dans cette lutte supposée entre les deux illustres maîtres de l'épopée grecque, c'est le contraste non moins réel que l'affinité des deux genres poétiques qu'ils représentent ; c'est tout au plus, comme on l'a conjecturé, la rivalité des deux écoles qui procédèrent de l'un et de l'autre, rivalité où l'avantage put demeurer parfois aux rhapsodes hésiodiques. Que, du reste, Homère et Hésiode aient été contemporains, qu'ils aient appartenu à la même famille et que leur commune généalogie remonte jusqu'à Orphée ou jusqu'à tel autre des chantres mythiques de la Thrace, c'est ce qu'on ne peut admettre qu'à titre de rapprochement plus ou moins hasardé, nullement de tradition authentique. L'antiquité en était, comme nous, réduite à des inductions et à des hypothèses sur l'époque où avaient paru les deux poètes les plus anciens dont elle eût conservé les ouvrages ; et le nombre de ces ouvrages, mis successivement sur leur compte, les dates évidemment différentes qu'ils portaient en eux-mêmes, les matériaux non moins divers qui s'y trouvaient employés, ne laissaient pas que de compliquer beaucoup la question. De là, Hésiode tantôt plus ancien, tantôt plus récent qu'Homère, aussi bien que son contemporain ; de là, son existence reculée jusqu'au douzième siècle avant notre ère, ou descendant jusqu'au VII$^e$ ; de là, par exemple, Stésichore, le poète lyrique d'Himère, donné pour son fils. Hérodote, prenant une sorte de milieu, mais nommant encore Hésiode avant Homère, les place l'un et l'autre quatre cents années avant sa naissance, c'est-à-dire au commencement du IX$^e$ siècle. Les critiques d'Alexandrie crurent, au contraire, avoir de bonnes raisons pour mettre entre eux un assez long intervalle, se fondant principalement sur la comparaison, dans le fond et dans la forme, des plus anciens et des plus authentiques parmi les poèmes qui leur étaient attribués. Ils remontèrent Homère d'un siècle ou davantage, et rapprochèrent Hésiode de l'ère des olympiades, déclarant leurs dates et leurs origines, conséquemment leurs patries, aussi différentes que les caractères de leur poésie aux yeux des connaisseurs.

Tout dans les ouvrages qui nous sont parvenus sous le nom d'Hésiode, à commencer par les *OEuvres et Jours*, le plus autorisé, semble venir à l'appui de cette opinion, bien qu'elle puisse à la rigueur se concilier avec celle d'Hérodote, en ce sens qu'Homère et Hésiode représentent, dans ce qu'ils ont de commun, un seul et même grand développement de la poésie grecque, encore exclusivement épique, et dans leurs différences, les phases distinctes et les divers théâtres de ce développement : en Ionie, l'épopée héroïque et historique; en Béotie, l'épopée morale et didactique. Le chantre d'Ascra, dans le poème que nous venons de citer, le seul que ses compatriotes voulussent reconnaître pour son œuvre, se place évidemment à une plus grande distance qu'Homère ne fait de l'âge des héros, devenus chez Hésiode des demi-dieux; il déplore la fatalité qui l'a jeté au milieu du cinquième âge du monde, âge de crimes et de misères, où l'on croit entrevoir les symptômes de la crise politique qui suivit les bouleversements de l'invasion dorienne et qui, du $X^e$ au $VIII^e$ siècle, transforma en aristocraties la plupart des petites monarchies quasi féodales de la Grèce héroïque. La vie civile est ici beaucoup plus avancée, et le peuple y tient une place déjà plus importante; le travail y est en honneur, surtout le travail des champs, et le but principal du poète est de le faire prévaloir comme la condition même de l'homme sur la terre. Qui plus est, le secret de cette condition est recherché jusque dans l'origine du mal caché sous le voile transparent du fameux mythe de Prométhée et de Pandore; et là se montre, aussi bien que dans la succession des cinq âges, aussi bien que dans la doctrine des démons qui s'y rattache, un degré d'abstraction et de généralisation mythologique encore inconnu à Homère. C'est même cette pensée nouvelle de la nécessité du travail fondée sur ces dogmes non moins nouveaux, développés au début du poème, qui lui donne l'espèce d'unité, grossière peut-être dans la forme, mais réelle quant aux idées, que si souvent on lui a refusée, faute de la comprendre, faute de s'être mis au point de vue du poète et de son époque; c'est cette pensée dominante, partout reproduite dans les exhortations qu'Hésiode adresse à son frère qui fait le lien de tous ces conseils ruraux, politiques, économiques dont se compose la plus grande partie de l'ouvrage, et où se déroule avec un grand charme d'énergique naïveté le tableau des mœurs et de l'esprit du temps. Parmi ces *Conseils* ou ces *Exhortations*, nom sous lequel les anciens désignent fréquemment le poème entier, ainsi que sous celui de *Sentences*, ont trouvé place un certain nombre de proverbes, fruits vénérables de l'expérience des siècles, qu'Hésiode avait recueillis, et dont quelques-uns remontaient jusqu'à l'âge héroïque. L'apologue, cette leçon figurée de la sagesse antique, n'y pouvait pas manquer : aussi en était-il considéré comme le premier auteur. A la suite des *Œuvres*, titre qui semble s'appliquer d'une manière plus spéciale aux préceptes relatifs à l'agriculture et à la navigation, beaucoup moins prisée par le poète béotien, viennent les *Jours*, sorte de calendrier religieux, qui en était une annexe naturelle, et où l'on a soupçonné, sans preuves suffisantes, une addition postérieure, telle au reste que la composition primitive paraît en avoir reçu plusieurs autres subsistantes ou non. De ce nombre est bien certainement le petit hymne à Jupiter, que nous y lisons encore et qui lui sert de poème. Il n'existait point dans le vieil exemplaire gravé sur des lames de plomb et à demi effacé, qui fut montré à Pausanias par les Béotiens de l'Hélicon, et les plus habiles critiques de l'antiquité n'hésitaient pas à le rejeter.

Nous avons déjà dit, d'après le même Pausanias, que les compatriotes d'Hésiode tenaient le poème des *Œuvres et Jours* comme le seul des nombreux et divers ouvrages réunis sous son nom qui fût véritablement de lui. Et, dans le fait, la *Théogonie*, quoiqu'elle lui soit attribuée de concert par tous les anciens philosophes, depuis Xénophane et Pythagore, jusqu'à Platon et Aristote ; quoique Hérodote l'ait manifestement en vue quand il assigne à Hésiode une date commune avec Homère; quoique enfin les chefs critiques de l'école d'Alexandrie, les Zénodote, les Aristophane, les Aristarque, y aient reconnu un « caractère hésiodique, » ce qui déjà n'est plus aussi positif; la Théogonie, étudiée en elle-même, révèle des indices de postériorité, non seulement par rapport à Homère, mais encore par rapport à l'auteur des *Œuvres et Jours*. Sans doute la longue invocation aux Muses, qui en est le prélude, rattache les deux poèmes l'un à l'autre et semble indiquer un seul et même auteur; mais cette invocation, quand même il faudrait, malgré ses interpolations évidentes, malgré le désordre réel ou apparent qui y règne, le regarder comme une introduction nécessaire à la *Théogonie*, ne saurait avoir plus d'autorité que cette dernière. Or celle-ci, qui est le côté religieux et spéculatif de la poésie hésiodique dans son ensemble, tout comme les *OEuvres* en sont le côté moral et pratique, porte à un bien plus haut degré l'esprit d'abstraction et de généralisation mythologique que nous y avons remarqué. Elle réduit en un système poétiquement ordonné, mais déjà presque philosophiquement élaboré, les généalogies divines jusque-là plus ou moins éparses que les prêtres ou les poètes, y compris Homère, avaient d'âge en âge imposées aux Grecs comme les articles de foi de leur religion ; elle les surmonte d'une cosmogonie, où les premiers philosophes de la Grèce, les physiciens d'Ionie, depuis Thalès, allèrent justement chercher la base de leurs théories sur l'origine du monde ; elle les soumet à une conception fondamentale qui fait la véritable unité de l'ouvrage, unité qui en donne le plan, qui en domine les principaux développements [1].

« D'où est né chacun des dieux ? S'ils ont tous existé toujours, quelles sont les figures qui les caractérisent? Les Grecs l'ont ignoré longtemps ; ils ne le savent, pour ainsi dire, que d'hier.

---

[1] Nous insérons ici la dissertation particulière où M. Guigniaut s'est attaché à démontrer l'unité de la *Théogonie* et à faire ressortir la grandeur épique de son ordonnance.

Hésiode, en effet, et Homère me paraissent être mes aînés de quatre cents ans et pas davantage. Ce sont eux qui ont composé la théogonie des Hellènes, qui ont donné aux dieux leurs surnoms, qui leur ont assigné des fonctions et des honneurs distincts, et qui ont décrit leurs figures. Quant aux poètes que l'on dit avoir existé avant ces deux hommes, ils sont venus, à mon sens du moins, après eux... Ce qui regarde Hésiode et Homère, c'est moi qui le dis. » (Hérodote, Euterpe, 53).

Nous nous proposons, dans cette dissertation, de donner quelques preuves nouvelles à l'appui de cette affirmation célèbre du père de l'histoire, en ce qui concerne la *Théogonie* d'Hésiode. De quelque ténèbres que soit environnée l'origine de ce poème, comme celle de l'épopée grecque en général, quelque nombreuses altérations qu'il ait eues à souffrir dans le cours de sa transmission, si longue et si diverse depuis la haute antiquité jusqu'à nos jours, il nous semble qu'une analyse vraiment critique peut, aujourd'hui encore, faire ressortir en lui tous les caractères de l'unité primitive de conception et de composition. Il nous semble que sous cette forme, en apparence incohérente, et mutilée en réalité, qui porte la double trace des ravages du temps et de l'infidélité des hommes, existe un enchaînement intérieur, une organisation du fond, en un mot, une pensée créatrice, qui domine l'ensemble, rattache entre elles, par un lien nécessaire, les parties de l'ouvrage et y révèle la main d'un poète. Il nous semble enfin que les Sages de la

Grèce ne se faisaient point illusion, lorsqu'ils découvraient, dans cette épopée symbolique et mythique, quelque chose de pareil à un système d'idées sur le monde et ses lois, en même temps qu'ils y reconnaissaient, avec Hérodote, l'un des monuments les plus authentiques et les plus anciens, et comme le cathéchisme poétique des croyances nationales.

En effet, la *Théogonie* d'Hésiode a été, selon nous, la première tentative considérable faite pour donner à ce peuple artiste, dans la mesure de son caractère et de l'esprit du temps, une sorte de théologie. D'autres essais du même genre furent tentés plus tard mais dans des vues moins populaires, dans des intérêts de secte ou de culte ; aussi, quoique les auteurs des théogonies orphiques eussent placé leurs ouvrages sous l'invocation de noms révérés, supposés antérieurs à ceux d'Homère et d'Hésiode, quoiqu'ils eussent espéré par là surprendre la foi publique, jamais ces pieux faussaires ne parvinrent complètement à leur but ; déjà la naïve critique d'Hérodote faisait justice de leurs prétentions, et leurs nombreux imitateurs ne commencèrent à trouver crédit qu'après que, dans la décadence du paganisme, ils eurent accepté l'alliance de la philosophie. Alors, et alors seulement, Orphée devient le théologien par excellence.

Et toutefois les poètes orphiques s'étaient habilement emparés des vieux souvenirs qui donnaient aux deux maîtres de l'épopée des prédécesseurs, environnés d'une auréole prophétique. Homère et Hésiode, en effet, n'avaient point inventé le fond de leurs poèmes ; ils le tenaient en grande partie de la tradition, et d'une tradition déjà, sans doute, développée en des chants nombreux. Leur gloire est d'avoir su tirer, de ce travail antérieur de l'esprit grec, ces formes aussi fortes que neuves, éminemment vivantes, artistes, poétiques, l'un de l'épopée héroïque, l'autre de l'épopée religieuse.

Tout annonce que des écoles, ou plutôt que des familles de chantres, réputés enfants d'Apollon et des Muses, existèrent en Grèce, longtemps avant Homère et Hésiode, dans la Piérie, au pied de l'Olympe, et dans la Béotie, voisine de l'Hélicon. Là chantèrent ces Aèdes sacrés, que la tradition présente comme les premiers instituteurs des Grecs, comme ceux qui les initièrent à une vie meilleure, à des croyances plus saintes, par le pouvoir de la musique. Hors ce fait général, nous ne savons rien de certain sur ces origines poétiques de la poésie ; les noms mêmes, aussi bien que les histoires merveilleuses qui s'y rattachent, sont justement suspects ; Homère et Hésiode paraissent les avoir ignorés, en grande partie du moins, et il n'est pas téméraire de penser que la plupart étaient des créations mythiques d'un temps postérieur.

Quoi qu'il en soit, nous admettons qu'il y eut en Grèce d'antiques foyers d'une poésie, fille de la religion, et qui lui demeura plus ou moins intimement unie. A ces foyers se rattachent encore, malgré la distance des temps et les révolutions des peuples, Homère et Hésiode eux-mêmes, l'un de loin, l'autre de près. Tous deux invoquent les Muses Olympiades, Piérides; le second, les Muses Héliconiades; ces Muses sont les manifestes symboles de ce développement poétique antérieur à l'épopée et qui la prépara.

La légende, comme l'œuvre d'Hésiode, tient essentiellement à l'Hélicon. S'il y perce un lointain rapport avec Cyme et l'Éolide d'Asie, c'est peut-être que la poésie, exilée à la suite des fils des héros, après les migrations doriennes, se renouvela tout entière sur le sol asiatique, avant de refleurir aux lieux où la tradition marque son berceau. Peut-être aussi la poésie religieuse persista-t-elle dans ce vieux foyer du chant, parmi les Éoliens d'Europe, tandis que sa sœur, la poésie héroïque, s'en allait, avec les débris des Achéens, chercher en Asie de nouvelles demeures. Ce qu'il y a de sûr, c'est qu'entre le $x^e$ et le $ix^e$ siècles avant notre ère, pendant que le nom d'Homère dénote le point culminant de l'épopée des Ioniens, et de l'espèce d'école poétique où elle s'élabora et se transmit, celui d'Hésiode annonce en Béotie comme une école rivale, plus fidèle à la mission traditionnelle des vieux Aèdes de l'Olympe et de l'Hélicon.

Hésiode aussi nous apparaît comme le point culminant de cette seconde école. Peut-être le développement total en est-il postérieur à celui de la première, s'il est vrai qu'Homère soit plus ancien qu'Hésiode; peut-être même subit-elle, jusqu'à un certain point, l'influence de celle-ci. Mais ce qui la distingue éminemment, c'est son caractère didactique, ici moral et pratique dans les *OEuvres et Jours* ; là religieux et poétiquement spéculatif dans la *Théogonie* ; ailleurs, exclusivement généalogique et mystique, historique même, au sens de ces temps reculés.

Sans doute les ouvrages que la tradition vulgaire mettait sur le compte d'Hésiode, ne sauraient tous lui être rapportés au même titre ; la plupart sont de ses successeurs et lui ont été attribués, soit par eux-mêmes dans une vue quelconque, pieuse ou intéressée ; soit par la crédulité des peuples, qui confondit le maître et les disciples dans une admiration commune, soit enfin par les Rhapsodes, ces livres vivants, qui faisaient remonter indistinctement les chants transmis par eux d'âge en âge jusqu'à la source de cette inspiration puissante dont ils semblaient autant d'émanations. C'est là précisément le génie de ces écoles antiques de poésie, génie tout à fait d'accord avec celui de l'époque qui les vit fleurir. Il se peut donc, à la rigueur, que la *Théogonie*, ainsi que les Béotiens d'Ascra le racontèrent à Pausanias, ne fût pas de l'auteur des *OEuvres et Jours*, qu'ils reconnaissent comme le seul poème authentique d'Hésiode, leur compatriote. Peu importe au fond que la *Théogonie* soit d'Hésiode ou d'un autre lui-même, qu'elle appartienne à la même date que les *OEuvres* ou à une date un peu plus récente. Plutarque, Béotien aussi, est en opposition sur ce point avec Pausanias, et les chefs de la première école critique d'Alexandrie, les Zénodote, les Aristophane et les Aristarque, ceux même qui ne balançaient pas à traiter d'apocryphe la compilation poétique du *Bouclier d'Hercule* ne paraissent pas avoir mis en doute l'authenticité de la *Théogonie*. Avant eux, les anciens, depuis les philosophes de l'Ionie ou ceux d'Élée jusqu'à Hérodote, et depuis Hérodote jusqu'à Aristote, l'avaient proclamée, pendant trois siècles, l'épopée hésiodique par excellence.

Admettons, au surplus, qu'il s'agisse ici d'une authenticité relative, comme celle de l'Odyssée, par exemple. L'essentiel, pour nous, c'est que le poème de la *Théogonie* représente la plus haute direction et le développement le plus complet de l'école de poésie didactique à laquelle il se rattache. Or il en est ainsi, pour le fond qui renferme un enseignement bien autrement élevé que celui des *Œuvres et Jours,* pour la forme qui est infiniment plus poétique que celle de ce dernier ouvrage. On serait tenté d'y voir, sous ce rapport surtout, l'influence de la poésie homérique et presque un essai de transaction entre les deux écoles.

La *Théogonie,* au sens que nous venons d'indiquer, est donc à nos yeux comme à ceux des anciens, l'œuvre capitale d'Hésiode. Que penser maintenant des assertions de la critique moderne qui, se plaçant en dehors de toute histoire, et ne tenant aucun compte de cette longue élaboration poétique des traditions par laquelle Homère et Hésiode devinrent non seulement possibles, mais nécessaires, détruit l'unité de leur œuvre quelconque, méconnaît son caractère d'art ou en fait honneur à une autre époque, et va même jusqu'à nier leur personnalité? Si nous avions le temps de nous arrêter aux preuves extérieures qui militent contre ces hypothèses célèbres, en ce qui concerne Hésiode, peut-être ne nous serait-il pas très difficile de découvrir des traces certaines de l'existence de la *Théogonie*, comme système et comme composition, dans la plupart des poètes et des philosophes antérieurs aux Pisistratides ou leurs contemporains ; de faire voir qu'elle était, au VI$^e$ siècle, devant les yeux des sages de l'Ionie et la Grande-Grèce, des Phérécyde, des Pythagore, des Xénophane, comme au V$^e$, devant ceux de Pindare, d'Eschyle et d'Hérodote ; qu'elle y était dans son ensemble, à titre de corps de doctrine et de symbole révéré des croyances héréditaires, à un état enfin qui ne pouvait être essentiellement différent de celui où les Alexandrins la trouvèrent. Ceux-ci reconnurent, sans doute, dans les copies qu'ils collationnèrent pour leurs recensions nouvelles bien des disparates, des doubles emplois, des incohérences de détail, résultat inévitable d'une transmission orale prolongée, de l'absence de toute critique chez les premiers rédacteurs, et de la fidélité même avec laquelle ils remplirent leur mission. Les grammairiens d'Alexandrie eurent le défaut contraire ; mais quelques efforts qu'ils aient faits pour polir le texte de la *Théogonie*, rien ne prouve qu'ils en aient modifié la contexture générale, pas plus que ne l'avaient inventée avant eux les Diascévastes des Pisistratides. Tel qu'il nous est parvenu, poli de nouveau, après le siècle d'Auguste, puis corrompu, mutilé, bouleversé même en quelques parties, à travers les temps d'ignorance et jusqu'au xᵉ siècle de notre ère, il y reste encore, dans le fond et dans la forme, avec toutes ces altérations plus ou moins récentes, d'assez frappants indices d'antiquité, une disposition assez simple, une couleur assez naïve, pour que ces caractères réunis expliquent à la fois les systèmes modernes et les contradictions sérieuses auxquelles ils commencent à donner lieu de nos jours.

En effet, l'erreur des systèmes auxquels nous nous contentons de faire allusion, nous paraît consister surtout dans un point de vue faussement critique, où, tout en distinguant les œuvres de la haute antiquité de celles des temps postérieurs, on leur demande des conditions d'art qu'elles ne peuvent remplir, tandis qu'on méconnaît d'autres conditions bien plus hautes sous l'empire desquelles elles furent produites et qui firent leur supériorité. Cet âge des Homère et des Hésiode, plus que ceux qui suivirent, fut capable de grandes créations poétiques, dont les matériaux, poétiques déjà, s'accumulaient depuis des siècles. C'est une époque de fécondité puissante, où l'imagination et la mémoire, l'inspiration et la réflexion s'allient dans des proportions inouïes, pour enfanter les premiers chefs-d'œuvre d'un art tout spontané. C'est le temps des naïves et merveilleuses synthèses de la foi et de la pensée, temps auquel ne saurait sans danger s'appliquer notre moderne esprit d'analyse. Aussi ne faut-il pas s'étonner de cette fausse direction qui égara la philologie, à la fin du dernier siècle, dans ses recherches les plus ingénieuses et les plus profondes d'ailleurs, et qui, sous son scalpel, finit par réduire en poussière quelques-uns des plus beaux monuments du génie humain.

Heyne, Wolf, Fr. Thiersch et d'autres auxquels le savant philologue hollandais Ruhnkenius avait préludé, vers le milieu du xviiie siècle, n'ont vu, dans la *Théogonie* qui porte le nom d'Hésiode, qu'une compilation indigeste, et chargée d'interpolations, de lambeaux poétiques, empruntés à des chants nombreux que possédait l'antiquité sur l'origine des dieux et sur celle du monde. Ces lambeaux de dates, d'auteurs et de caractères différents, auraient été cousus ensemble et jusqu'à un certain point transformés par la main assez malhabile d'un poète, Hésiode ou un autre, qui les remania, en se méprenant fréquemment sur le sens véritable de ces documents anciens, et en traitant comme histoire ce qui n'était au fond qu'allégorie physique ou morale. Ainsi, d'une part, on refuse au poème, tel qu'il est, jusqu'à l'apparence de l'unité de composition ; on lui refuse l'organisation intérieure d'une œuvre d'art ; d'autre part on dénie à son auteur, s'il est autre toutefois qu'un ignorant Rhapsode ou un simple Diascévaste, toute intelligence des matériaux qu'il a employés, par conséquent tout moyen de les disposer d'après leur signification réelle et leurs rapports intimes.

Notre thèse, on l'a vu jusqu'ici, est précisément le contraire de celle-là. Nous pensons qu'il y a dans la *Théogonie* un organisme vivant pour le fond comme pour la forme, non pas une compilation morte et sans idée. Il s'agit maintenant de le démontrer par un examen plus approfondi du but de ce poème, de son ordonnance et de son esprit général, et par une analyse philosophique des principaux mythes qu'il renferme, faite au point de vue historique et critique où nous nous sommes placés plus haut.

Hésiode, ou l'auteur quel qu'il soit de la *Théogonie*, vint à une époque où les symboles et les légendes populaires des dieux de la Grèce commençaient à ne plus suffire à la curiosité naissante des esprits, avides de pénétrer le secret du monde et l'origine des choses, mais tout engagés encore dans la forme mythique et pleins de foi dans leurs propres créations. Ces symboles et ces légendes, d'ailleurs, s'étaient tellement multipliés, soit dans les cultes locaux, soit dans les chants d'une longue succession d'Aèdes, que le besoin se faisait sentir partout de les rapprocher, de les réunir, de créer entre eux des rapports, une filiation suivie, et d'organiser la cité des dieux et leur histoire, comme les tribus et cités des peuples helléniques tendaient elles-mêmes à s'organiser en un corps de nation et à constater, par des généalogies aussi bien que par des institutions politiques, leur origine commune. Hésiode entreprit tout à la fois de satisfaire à cette curiosité nouvelle et à ce besoin de plus en plus général des esprits ; il le fit selon le génie et les conditions de son temps, comme un poète qu'il était, n'ayant d'autre part que le chant, d'autre science que la mémoire, mais se fiant dans l'inspiration des Muses, qui ne manquait point à leurs disciples. Il ne faut donc pas demander à son œuvre cette régularité de l'ensemble, cet étroit enchaînement des détails, en un mot cette rigueur logique de plan et d'exécution, qui est d'une autre époque. Moins encore il faut demander à l'auteur cette conscience claire et complète de la nature intime du sujet qu'il traite, du sens des mythes qu'il emploie, même de ceux qu'il invente, cette netteté, cette maturité de réflexion qui distingue le fond de sa forme, l'idée du fait, et qui crée avec préméditation des allégories et des fables.

La forme symbolique et mythique, qui présente les idées comme des personnes, les raconte comme des faits, et en construit, sous des histoires apparentes, des systèmes réels, était encore, à l'époque d'Hésiode, la forme même de l'esprit grec : est-il surprenant qu'il la garde et qu'il y ait foi?

Voilà pourquoi, lorsqu'il entreprit de donner aux Hellènes, dans le temps même où ils devenaient une nation, un corps de théologie nationale, il ne fit point un traité plus ou moins dogmatique, mais un poème, et un poème en récit, une épopée. Car, en fait de poésie, il n'y avait alors et il ne pouvait guère y avoir que l'épopée. Déjà, sans doute, avant lui, bien des essais de ce genre avaient été tentés par les Aèdes, dans les différentes contrées de la Grèce, mais partiels et incomplets.

Hésiode, qui résidait au vieux foyer de la poésie religieuse, qui était l'héritier des chantres sacrés de l'Olympe et de l'Hélicon, travailla pour la Grèce entière. Il recueillit ces essais antérieurs, les organisa autant qu'il le put, les transforma sans en altérer le fond, et les développa dans une ordonnance aussi vaste que simple, que l'on peut bien considérer comme son œuvre propre et comme sa pensée personnelle. Ainsi que ses devanciers, depuis les premiers temps, depuis les premières tentatives de Théogonies partielles, nées des religions locales, il crut implicitement à ces histoires divines qu'il racontait après eux, mais il y crut d'une foi plus haute, plus libre et avec un commencement de réflexion. Aussi éprouve-t-il le besoin de motiver, d'expliquer, d'interpréter enfin à sa manière, les mythes populaires sur les dieux. Il fait plus ; tout en les ordonnant sur un plan poétique, il les pénètre et les domine d'une vue supérieure, d'une intuition profondément symbolique, qu'on ne peut guère rapporter qu'à lui, quoique le germe obscur en fût déposé, dès l'origine, au sein de la religion des Grecs.

La Grèce ne croyait point et ne pouvait point croire à l'éternité de ses dieux. Eschyle proclame hautement ce fait, lorsque, par la bouche de son Prométhée, inspiré de la *Théogonie* d'Hésiode, il prédit à Jupiter lui-même un successeur. Engagés dans le monde, les dieux helléniques devaient en partager les vicissitudes ; ils eurent nécessairement une histoire ; ils avaient commencé et ils devaient finir ou du moins céder à d'autres dieux plus puissants l'empire du monde. Des dieux antérieurs avaient existé et régné sur l'univers, qui, détrônés par eux, leur avaient abandonné la place. Tout était ainsi, en définitive, ramené à quelques principes primitifs, élémentaires, déifiés eux-mêmes, c'est-à-dire aux forces de la nature, seule éternelle, seule vraiment vivante et divine.

Voilà la conception, sans doute préexistante et contemporaine des premières créations théogoniques, dont Hésiode s'empara pour la féconder. Il sentit que la loi du monde était le changement, la succession ou plutôt (car il était Grec et animé du génie de l'Occident), le développement et le progrès. Il sentit que ce développement, ce progrès, c'était l'histoire même du monde depuis son origine, et par conséquent celle des pouvoirs identiques à lui qui le gouvernent. Bien plus, il devina, par une révélation secrète de l'esprit, qui vit dans l'homme comme dans la nature, et dont les lois au fond sont ses lois, il devina que la série naturelle des évolutions cosmiques représentée par la série traditionnelle des révolutions divines, s'était opérée comme une transition progressive de l'indéterminé au déterminé, de l'absolu au relatif; en un mot, de l'infini au fini. C'est cette grande idée philosophique, obscurément comprise, qui lui donna l'unité intime et génératrice de son poème, tandis que la croyance religieuse aux dynasties successives des dieux lui en traçait la marche extérieure.

La succession des générations divines, représentant symboliquement les grandes phases de la création du monde dans l'espace et dans le temps, telle est la donnée fondamentale de la

*Théogonie*, comme la guerre des Titans et des dieux Olympiens en est l'action principale et en forme le nœud. Le dénoûment, le but du poème, sa moralité, pour ainsi dire, c'est la victoire de Jupiter sur les Titans, c'est-à-dire du principe de l'ordre sur les agents du désordre, et par suite l'organisation du monde dans son état actuel. Le sujet et ces différentes parties sont clairement indiqués dès l'abord dans quelques vers de ce *Proœmium*, morceau certainement ancien, d'un beau caractère poétique, fait évidemment pour la *Théogonie*, et qui s'y rattache de tout point, quoi qu'on en ait dit. Les Muses, après avoir consacré leur poète, préludent à ses chants, en célébrant elles-mêmes devant Jupiter la race vénérable des dieux, d'abord des dieux enfants de la Terre et du Ciel (les Titans), puis des dieux qui naquirent de ceux-ci (les Olympiens). Ensuite elles célèbrent Jupiter, le meilleur, le plus grand des dieux de l'Olympe; enfin, la race des hommes et des forts géants. Un peu plus loin, nous est montré Jupiter vainqueur de Cronos, son père, et qui a dispensé aux autres immortels leurs rangs et leurs honneurs. Le *Proœmium* se termine par une invocation directe aux Muses, qui renferme une introduction immédiate au poème et en reproduit avec exactitude toute la distribution :

« Salut, filles de Jupiter, donnez-moi des chants dignes de plaire; dites cette race immortelle et sacrée des dieux qui naquirent de la Terre, du Ciel étoilé, de la Nuit obscure, et de ceux que nourrit dans son sein l'onde amère

(Pontos)… Dites comment de ceux-ci naquirent les dieux auteurs de tous les biens, comment ils se partagèrent et possessions et dignités, comment enfin ils s'établirent sur les sommets de l'Olympe. Dites-moi toutes ces choses, ô Muses dont l'Olympe est le séjour, et les reprenant dès l'origine, enseignez-moi d'abord qui d'entre tous les dieux fut le premier. »

Et le poète entre en matière. « Au commencement fut le Chaos, puis la Terre, au vaste sein, base inébranlable de tous les êtres, le ténébreux Tartare dans le fond de ses abîmes, et l'Amour, le plus beau des dieux immortels… » Telles sont, suivant Hésiode, ici déjà se fondant sur des croyances antiques, mais les systématisant à sa manière, les quatre essences primordiales du monde, les quatre agents primitifs de la création, eux-mêmes incréés. Le Chaos préexiste évidemment : c'est, comme paraît le dire son nom, et comme les anciens l'avaient conjecturé, le vide, l'espace infini, le lieu de toutes choses ; en un sens moins abstrait, et par cela même plus conforme à l'intuition symbolique, l'abîme confus et ténébreux du sein duquel est sorti le monde organisé et visible, et qui coexiste avec le monde. Au sein du Chaos sans forme se produit la Terre ou la surface terrestre, étendue et figurée, base solide de l'univers et qui en occupe le centre. Quant au Tartare, qui est dans les profondeurs de la Terre, les anciens ont pu faire abstraction de lui en tant que principe du monde ; mais il n'en est pas moins essentiel à la conception cosmologique d'Hésiode, comme région ténébreuse et inférieure opposée à la région supérieure et lumineuse; c'est, ainsi qu'on l'a très bien dit, au sens cosmogonique, le penchant que conserve la Terre, ou la nature dégagée du Chaos, à s'y replonger partiellement. Éros, ou l'Amour, qui déjà jouait un grand rôle à cette époque dans la mythologie poétique, est ici l'agent suprême de la création, le principe de mouvement et d'union qui rapproche tous les êtres, la cause efficace des générations divines et humaines. Lorsque du Chaos, source éternelle et indéterminée des ténèbres, furent sorties les ténèbres déterminées et accidentelles, inférieures et supérieures, l'Érèbe et la Nuit, de la Nuit unie à l'Érèbe, par un premier effet de l'Amour, naquirent l'Éther et le Jour (Héméra), la lumière supérieure et la lumière inférieure. Sous un autre point de vue, l'Érèbe paraît être l'air épais et ténébreux fixé dans les lieux bas; l'éther, l'air pur et transparent qui occupe la région élevée de la lumière. Quoi qu'il en soit, la lumière procède des ténèbres, le haut du bas, le clair de l'obscur, le déterminé de l'indéterminé; c'est la loi générale de la création, que nous allons retrouver dans tous ses développements.

La Terre engendra d'abord d'elle-même Ouranos, le Ciel étoilé, la voûte céleste qui la couvre, opposée au profond Tartare, et produite après lui en vertu de cette loi dont nous venons de parler; puis les grandes Montagnes qui s'élèvent sur son sein; puis Pontos, la profondeur de la mer, dont les eaux salées semblent jaillir d'elle. Cette mer stérile fut enfantée sans l'intervention de l'Amour ; tandis que, sous ses auspices, la Terre s'unissant au Ciel mit au jour l'Océan, le fleuve des fleuves, qui lui forme une vaste ceinture, et Téthys, mère par lui des eaux douces et nourricières. Ce premier couple, né du Ciel et de la Terre, fut suivi de cinq autres, et de ces douze enfants le dernier et le plus habile, ce fut Cronos, le Temps, qui eut pour sœur et pour épouse Rhéa, celle qui coule et passe incessamment, la durée, mère du changement et du progrès. Quant aux autres couples, il en sera question plus loin. Contentons-nous de remarquer par avance que ces êtres symboliques, parmi lesquels se distinguent encore Thémis, la loi éternelle, et Mnémosyne, la mémoire, la mère des Muses, semblent exprimer, dans leur idée commune et primordiale, les principes élémentaires et comme les prototypes des forces physiques et morales par le concours desquelles la création s'est développée dans l'étendue, entre le Ciel et la Terre.

Mais le Ciel et la Terre eurent encore d'autres enfants qui concoururent à cette grande œuvre et hâtèrent par leurs efforts réitérés l'organisation définitive du monde matériel. C'est une double triade de frères, les Cyclopes, qui donnèrent dans la suite à Jupiter le tonnerre et la foudre et les Hécatonchires ou Cent-Mains, à la force indomptable, à la forme terrible. Les noms propres appliqués à ces symboles nouveaux montrent en eux l'opposition symétrique des grands phénomènes de l'atmosphère pendant l'été et pendant l'hiver, par conséquent la tendance au retour régulier des saisons. Or, ces redoutables fils, Ouranos les haïssait, parce qu'ils lui présageaient la fin de son empire. Aussi, à mesure qu'ils voyaient le jour, les replongeait-il dans les flancs de la Terre, et il se réjouissait, et celle-ci, au contraire, gémissait sur sa cruauté. Courroucée enfin, elle appelle ses autres enfants à la révolte ; elle arme Cronos, et de concert avec lui tend un piège à son époux. Quand le grand Ouranos, amenant la Nuit sur ses pas, venait pour avoir commerce avec la Terre, son fils le mutila d'un coup de sa tranchante harpé. Des gouttes de son sang recueillies par la Terre, naquirent les Erinnyes ou Furies, symboles de vengeance, les Géants et les Nymphes Mélies. Autour de ses parties génitales, tombées dans la mer, s'amassa lentement une écume où prit naissance Aphrodite, la fille du Ciel et des eaux, la déesse de la beauté, à qui s'attachent aussitôt l'Amour et le Désir.

C'est-à-dire, pour indiquer rapidement le sens de ce mythe sublime, que la création se développe par la haine aussi bien que par l'amour, par la lutte et le combat ainsi que par l'union. Ouranos, jaloux du progrès nécessaire des choses, se flatte vainement de l'arrêter ; il est mutilé par Cronos, et le règne du temps va succéder à celui de l'espace. Le principe générateur se déplace et se transforme, il tombe décidément dans la durée, dont les eaux sont l'emblème, et c'est au sein des eaux que naît la beauté, image d'une création nouvelle et la plus parfaite. Voilà la première époque de l'histoire du monde, la transition décidée de l'idée à la forme, de l'infini au fini ; voilà le premier acte du grand drame de la *Théogonie*.

L'empire de Cronos et des Ouranides ou Titans commence, et avec lui une époque nouvelle. Mais il ne faut pas oublier que la *Théogonie* est une suite de généalogies en même temps qu'une épopée, un recueil de traditions aussi bien qu'un drame. Le poète reprend donc ici le fil généalogique et il revient sur ses pas pour nous faire connaître l'origine d'un certain nombre de puissances, déjà pour la plupart célébrées par ses prédécesseurs ; puissances physiques, ou morales, ténébreuses, pleines de mystère, d'une influence fatale sur le monde et sur la vie, et qu'il présente comme issues de la Nuit sans le concours d'un époux. C'est le Sort, la Destinée, la Mort, le Sommeil, les Songes ; puis le Rire et les Larmes ; ce sont les Hespérides, singulièrement jetées ici à côté des Parques et des peines divines (Kères) ; c'est Némésis, qui s'en rapproche davantage ; c'est la Fraude, l'Amitié, la Vieillesse, la Discorde. Suivent les funestes enfants de cette dernière, personnifications évidentes des fléaux qui pèsent sur l'humanité, à commencer par le Travail, l'Oubli, la Faim, à finir par le Serment, le pire de tous. Nous ne nions pas qu'il ne se rencontre çà et là, dans ce morceau, quelques vestiges d'interpolation, quelques altérations partielles ; mais nous pensons que, dans son ensemble, il fait partie intégrante, essentielle de la *Théogonie*, que c'est ici sa véritable place, et qu'il n'y a aucune raison suffisante de le rejeter ni de le déplacer. C'est, comme l'a dit Creuzer, une vue à la fois cosmique et profondément morale jetée sur le monde, tout à fait conforme au génie de la haute antiquité ; sur le monde au sein duquel coexistent les principes du bien et du mal également nécessaires à son développement.

Vient encore, avant les générations des Titans, une famille intermédiaire, qui prélude à la création par les eaux, et toute une série d'enfants et petits-enfants de la mer, quelques-uns en rapport avec le couchant, avec la région des ténèbres, et parmi lesquels se mêlent beaucoup de légendes locales, transportées par l'imagination ou par la science du poëte dans sa vaste conception cosmogonique. Cette famille est celle de Pontos, qui s'unissant à la Terre, sa mère, mit au jour le vieux Nérée, qui jamais ne faillit, le grand Thaumas, Phorcys et deux filles, Céto et Eurybie. Ce sont autant de symboles, parfois développés sous un point de vue moral, du pouvoir invariable et sûr qui réside au fond de la mer, des variables et merveilleux phénomènes qu'il produit à sa surface, de ses monstres et de ses dangers. De Nérée et de Doris, la riche fille de l'Océan, naquirent les cinquante Néréides, Nymphes de la mer, images de ses ondes et de leurs innombrables accidents. De Thaumas et d'Électre, autre Océanide, le reflet des vagues personnifié, naquirent Iris, l'arc aux sept couleurs et les Harpies, rapides comme les vents de mer pendant la tempête. Nous n'entrerons pas dans le détail des êtres multipliés, monstrueux et malfaisants, pour la plupart, qui prirent naissance de Phorcys et de Céto ; c'est une mythologie particulière, dont il nous suffira, quant à présent, d'avoir énoncé plus haut l'idée générale.

Maintenant se déroule à son tour la nombreuse lignée des Titans, par qui s'achève et s'organise la création dans ce qu'elle a de plus noble et de meilleur. A la tête, la famille de l'Océan et de Thétys, les dieux nourriciers par excellence : trois mille fils, qui sont désignés comme les fleuves, et trois mille filles, les Océanides, dans lesquelles il faut reconnaître les fontaines, les sources des eaux vives, quoique les noms de plusieurs d'entre elles impliquent des conceptions d'un ordre supérieur, par exemple, Métis la sagesse, Tyché, la fortune, et Styx, dont nous parlerons plus loin. Du second couple des Titans, Hypérion, celui qui monte dans les cieux, et Théia, la Clarté, naquirent le Soleil et la Lune, dont ils sont les prototypes, et l'Aurore qui luit pour les hommes et pour les dieux. Le troisième couple, qui est l'opposition du précédent, donne naissance à trois fils : le ténébreux Astréus, Pallas et Persès, lesquels, par eux-mêmes ou par leurs enfants, s'annoncent comme ayant trait au ciel étoilé de la nuit, au principe de son mouvement diurne, au soleil descendu dans les régions inférieures. L'Aurore, est-il dit, eut d'Astréus les trois Vents propices, l'Étoile du matin et les autres étoiles radieuses, dont le ciel forme sa couronne. De Pallas et de Styx, la source redoutée et glacée des enfers, garant du serment des dieux, du principe du mouvement uni à celui de la résistance, de l'immuabilité, naquirent, par une connexité des idées physiques et morales, qui est l'essence même de la forme mythique, le Zèle, ou l'Émulation, la Victoire, le Commandement et la Force, ces deux derniers, gardiens du trône de Jupiter que fondèrent les deux premiers. Un quatrième couple de Titans, Céus et Phœbé, mit au jour Latone, la déesse cachée, et Astérie, de qui Persès eut Hécate : il est aisé de reconnaître ici le principe de la clarté lunaire, et la lune elle-même sous ses divers aspects. Suit un long développement sur Hécate, célébrée comme la reine de la nature, où l'on soupçonne justement des interpolations orphiques.

Nous arrivons à la famille de Cronos et de Rhéa, couple placé au cinquième rang, bien que le sixième en date : nous verrons pourquoi le Temps, qui consomme toutes choses, vient mettre fin à l'œuvre de la création ; mais, pouvoir aussi jaloux que ce père mutilé jadis par lui, en même temps qu'il achève le monde et qu'il lui donne ses principes organisateurs, il veut en paralyser l'action. Il engendre successivement trois filles et trois fils, d'abord Hestia ou Vesta, Déméter ou Cérès, Héra ou Junon, ensuite Aïdès ou Hadès (Pluton), Poseidon ou Neptune, et Zeus ou Jupiter, le plus jeune de tous, celui-là même qui doit ravir à Cronos son empire. Aussi, redoutant un successeur parmi ses enfants, ce dieu les engloutissait-il dans son propre sein à l'instant de leur naissance. Mais Jupiter lui échappa. Par le conseil de Géa et d'Ouranos, la terre et le ciel, qui reparaissent ici comme fondements réels du monde, Rhéa, sa mère, le mit au jour secrètement dans l'île de Crète et abusa Cronos par le stratagème que l'on sait. « Il ne se doutait pas, l'insensé, qu'au lieu de cette pierre qu'il avalait, un fils lui était réservé, invincible et sans crainte, qui, après l'avoir dompté par une force supérieure, bientôt le dépouillerait de ses honneurs et régnerait en sa place sur les immortels. » En effet, devenu grand, Jupiter force son père de rejeter, avec la pierre, qu'il fixe à Pytho au pied du Parnasse, comme un monument de sa future victoire, ses frères et ses sœurs ; puis il délivre des chaînes où Cronos les avait plongés, ceux auxquels il en devra les instruments, les Cyclopes, ces vieilles puissances de l'atmosphère déjà si redoutées d'Ouranos.

Mais avant de raconter en détail cette lutte dernière et solennelle, d'où dépend le destin du monde, le poète s'interrompt encore. Il vient par une inversion pieuse, peut-être aussi pour l'ordonnance de son poème, de présenter sur le premier plan les chefs de la race divine, qui va régner sur ce monde nouveau ; maintenant il lui reste à nous montrer dans la famille de Japet et Clymène, couple titanique plus ancien que celui de Cronos et de Rhéa, les représentants de la race humaine. Japet eut de Clymène, fille de l'Océan, quatre fils, Atlas, Ménétius, Prométhée et Épiméthée. Leurs diverses fortunes furent toutes également malheureuses. Atlas, celui qui supporte et qui souffre avec courage, relégué aux extrémités occidentales de la terre, près des

Hespérides, fut condamné à soutenir le ciel de sa tête et de ses bras. L'orgueilleux Ménétius, victime de son audace, fut précipité dans le séjour des ténèbres par la foudre du grand Jupiter. La femme créée par ce dieu et que l'imprudent Épiméthée accueillit le premier, devint pour lui et pour tous les hommes la source de mille maux. Prométhée enfin, le prudent, le prévoyant, l'habile par excellence, osa entrer en lutte contre le maître des dieux, par une suite de ruses, toutes dans l'intérêt de l'espèce humaine, et il en fut cruellement puni. Fixé à une colonne par des chaînes terribles, et le foie incessamment dévoré par un aigle, il ne fallut rien moins qu'Hercule, ce héros sauveur, ce fils que Jupiter voulait glorifier, pour le délivrer de son double supplice. Ce sont là évidemment les quatre grands types moraux de l'humanité, dont Prométhée est le génie même. Il lutte contre Jupiter au sujet des hommes ; il leur rend le feu qui leur avait été retiré par ce dieu, le feu, instrument nécessaire des arts de la vie. C'est la liberté réfractaire de l'esprit humain, se développant en dépit des obstacles que lui opposent la nécessité extérieure, le principe jaloux de l'ordre éternel. Mais celui-ci doit l'emporter ; car, à côté de l'intelligence et de la force se trouve la passion, la faiblesse ; Épiméthée est frère de Prométhée. Les destinées de l'humanité s'accomplissent donc ; elle est soumise à la loi du travail, qui devient la condition de son progrès, aux faiblesses de l'âme, à toutes les misères de la vie. Prométhée est enchaîné, d'ineffables douleurs lui déchirent le sein : il lui faut, pour s'affranchir, le concours d'une volonté héroïque ; il lui faut accepter cette loi inexorable qui a mis la gloire au prix du travail et de la peine ; il se réconcilie avec Jupiter par la médiation d'Hercule son libérateur.

« Ainsi nul ne trompe l'esprit pénétrant de Jupiter, nul ne lui échappe. Le fils de Japet lui-même, l'excellent Prométhée, n'évita point la terrible atteinte de son courroux ; tout habile qu'il était, il tomba dans les liens d'une invincible nécessité. »

C'est maintenant que Jupiter devient le roi et le père des hommes et des dieux ; car partout, dans les poèmes hésiodiques, les hommes sont présentés comme contemporains des dieux ; la race humaine semble même plus ancienne que la race divine de l'Olympe. On dirait qu'ici le génie symbolique de la haute antiquité a eu conscience de ses propres créations. Mais si l'énergie audacieuse de l'esprit de l'homme est vaincue ou plutôt réglée, soumise à des lois nécessaires, il n'en est pas de même des puissances de la nature ; elles ne sont point si aisément subjuguées. Cronos avait été dompté comme Prométhée, les Titans ne l'étaient pas. Depuis dix années entières, les dieux Titans, les anciens dieux, et les dieux nouveaux issus de Cronos se livraient une guerre terrible pour l'empire du monde, les uns postés sur le sommet de l'Othrys et les autres sur ceux de l'Olympe. Pour faire pencher la balance des combats, Jupiter et les Cronides furent obligés d'appeler à leur secours et Briarée et Cottos et Gygès, ces redoutables enfants d'Ouranos, aux cent bras, aux cinquante têtes, délivrés par eux de leur prison du Tartare, comme déjà l'avaient été les Cyclopes. Le combat est renouvelé avec plus d'ardeur que jamais par le concours de ces formidables auxiliaires; une lutte épouvantable s'engage, où tous les éléments sont compromis, où la mer mugit, où le Ciel et la Terre sont ébranlés, où le sol tremble sous les pieds des combattants, où le bruit de leurs pas et des coups qu'ils se portent retentit jusqu'au Tartare. Dans cette mêlée divine, Jupiter déploie toute sa puissance, il lance incessamment ses foudres et du Ciel et de l'Olympe; et la Terre s'embrase et les forêts pétillent et l'Océan bouillonne. L'incendie gagne jusqu'au Chaos. « On dirait, à voir ce spectacle, à entendre ce bruit, que, la Terre et le Ciel s'entrechoquant, l'une va crouler sous l'effort de l'autre. » Enfin, les Titans foudroyés, accablés sous cette grêle de pierres que lancent à la fois les trois cents bras des Hécatonchires, sont précipités dans le Tartare, à des profondeurs immenses, et chargés de chaînes. Cette magnifique description, où sont prodiguées les plus riches, les plus fortes couleurs de la poésie, fait place à une peinture non moins belle, non moins grande, quoiqu'un peu confuse au premier abord, du Tartare et des lieux infernaux, « de ces lieux désolés, affreux, où se rencontrent les racines et les sources de la Terre et de la Mer, du Tartare et du Ciel, où se touchent toutes les limites. » Là sont les demeures de la Nuit, celles du Sommeil et du Trépas; là le palais d'Aïdès et de Perséphone; là enfin, la grotte superbe de Styx, cette aînée des filles de l'Océan, cette source mystérieuse et sacrée, si redoutable aux dieux, dont le mythe annoncé plus haut devait trouver ici son développement.

Tout ce passage de la *Théogonie*, depuis la guerre des Titans, a évidemment souffert des interpolations des Rhapsodes et de celles des grammairiens, peut-être aussi de la confusion faite par les copistes postérieurs des récensions différentes du poème que paraît avoir possédées l'antiquité. Les imitations d'Homère y abondent. Nous serions tentés de voir une interpolation capitale, quoique ancienne, dans le récit du combat de Jupiter contre Typhoée, ce dernier fils de la Terre, engendré du Tartare, qui de nouveau menaçait le ciel, et duquel prirent naissance les vents destructeurs, dont il est le principe souterrain aussi bien que celui des éruptions volcaniques. Dès le temps d'Eschyle, Typhoée passait pour avoir été foudroyé en Sicile et enseveli sous l'Etna. Nous trouvons dans ce morceau, qui paraît un essai ou épisode de la guerre des Géants, inconnue à Hésiode, un ton de poésie, des couleurs, une langue dont le contraste avec le style de la Titanomachie est manifeste, et qui nous semblent rappeler à beaucoup d'égards celui du *Bouclier*. D'ailleurs ce récit, introduit brusquement, est sans aucune liaison nécessaire avec ce qui précède, et, dans ce qui suit, rien ne s'y rapporte; au contraire, le poème reprend comme s'il n'eût pas été question de Typhoée, et se rattache étroitement à la victoire des dieux sur les Titans.

Non pas, au reste, que cet épisode trouble la suite des idées autant que l'économie poétique de l'ouvrage. On peut y reconnaître au fond, quels que soient les torts de la forme, un dernier effort des puissances désorganisatrices pour détruire l'ordre naissant du monde par l'action irrégulière et violente des vents, des ouragans, des volcans surtout. Déjà, dans certains détails de la guerre des Titans, dans le lieu même de ces grands combats de la nature qui se passent sur la terre, en Grèce, en Thessalie, il est difficile de ne pas soupçonner, comme on l'a fait, quelques allusions aux catastrophes physiques dont ces lieux furent le théâtre à des époques reculées. Mais ce n'est pas là, selon nous, l'idée principale qu'il faut y voir, celle qui se lie intimement à la conception symbolique de la *Théogonie*. Nous l'avons déjà dit, la lutte de Jupiter et des dieux Olympiens contre Cronos et les Titans, ses frères, c'est l'action fondamentale, c'est le pivot du poème, vers lequel toutes ses parties gravitent plus ou moins, qui en forme le nœud, qui en prépare le dénoûment. Cette lutte est annoncée dès le début et plus d'une fois rappelée dans le cours des développements. C'est qu'en effet c'est elle qui marque la grande époque, le moment solennel de l'histoire du monde, dont la destinée dépend de son issue. Tous les dieux anciens et nouveaux y sont engagés; Ouranos et Géa eux-mêmes figurent sur l'arrière-plan ; le Tartare, le Chaos sont près de reparaître dans le bouleversement général. Il s'agit de savoir qui l'emportera d'un mouvement sans règle et sans frein, qui prolonge la création et jamais ne l'achève, du temps sans mesure et sans loi, qui dévore ses enfants à peine mis au jour ; ou de ce principe supérieur, échappé à ses atteintes, qui doit régler son cours, assujettir à des lois constantes la marche du monde et le conduire enfin à sa maturité. Il s'agit de savoir si ce monde tombé par Cronos de l'espace dans le temps, s'ordonnera par Jupiter dans les limites de l'année ; s'il passera définitivement du règne de l'infini, temps ou espace, qui menaçait de le replonger dans le chaos primitif, au règne du fini, qui l'organise dans l'étendue et dans la durée à la fois.

Tel est le dernier acte et le dénouement de la *Théogonie*, de ce drame sublime du monde, dont Eschyle comprit la mystérieuse grandeur, et dont il donna, dans son *Prométhée enchaîné*, le plus beau commentaire. Jupiter, après sa victoire sur les Titans, est proclamé par les dieux eux-même roi de l'Olympe ; il leur dispense honneurs et fonctions. Principe à la fois intellectuel, moral et physique de l'Univers, sa première épouse est Métis, la sagesse ; il l'avale pour se l'assimiler, pour qu'elle lui découvre le bien et le mal, pour que nul autre, plus sage que lui, ne puisse lui disputer l'empire, pour que de lui seul naisse Athéné, la Vierge immortelle, cette même sagesse révélée au monde, dont elle devient le type, comme avant elle l'avait été de la beauté Aphrodite. Puis il s'unit à Thémis, la loi éternelle de proportion, de justice et de paix, dont il a les Heures ou Saisons, et les Mœres ou Parques, désormais puissances intelligentes, de filles aveugles de la Nuit qu'elles étaient d'abord. Enfin d'Eurynome et de Mnémosyne naissent par lui les Grâces et les Muses, les charmes les plus doux, les plus beaux ornements de la création.

Nous ne pousserons pas plus loin notre analyse ; nous en avons dit assez pour justifier notre thèse, pour mettre en évidence cet organisme vivant et d'ordonnance et de conception qui nous frappe dans la *Théogonie* d'Hésiode. Ce qui suit d'ailleurs est secondaire par rapport au but principal du poète, qui était de fonder sur l'histoire même du monde et sur les lois nécessaires de son développement l'autorité des croyances publiques, des symboles et des mythes nationaux, éléments intégrants de la religion des Hellènes, objets exclusifs de leur culte, et pour cette raison beaucoup plus anciens que la plupart de ceux dont nous avons eu à nous occuper. Car nous pensons ce qu'a exprimé l'un des hommes qui ont répandu le plus de vraie lumière sur ce sujet difficile, O. Müller : « On peut dire qu'ici, dans la réalité historique des choses, les enfants ont engendré leurs pères. »


Du reste, tout en déclarant que la *Théogonie*, même dans son état actuel, représente à nos yeux l'essor le plus élevé, le fruit le plus beau, de l'école de poésie didactique à laquelle elle appartient, nous ne lui accordons, avons-nous déjà dit, qu'une authenticité relative, comme celle de l'Odyssée, par exemple, vis-à-vis de l'Iliade. Nous ne la croyons pas du maître lui-même, mais du plus éminent, du mieux inspiré de ses disciples. Elle nous paraît d'une époque plus récente que le poème rapporté sans débat à Hésiode ; et si l'on soutenait, ainsi qu'on a pu le faire avec quelque semblant de vérité, qu'entre ce poème et les grandes épopées homériques, il y a différence d'écoles plutôt que de dates, de lieux plutôt que de temps, et qu'après tout Hésiode peut bien être aussi ancien qu'Homère, nous répondrions que cet Hésiode ne saurait en aucune façon être celui de la *Théogonie*, à considérer le progrès des idées, des connaissances de tout genre, qui s'y découvrent, notamment des connaissances géographiques ; à considérer la couleur du style et l'imitation évidente, tantôt de certains passages des *OEuvres et Jours*, tel que le mythe de Pandore, tantôt et plus souvent des formes de la poésie homérique.

A plus forte raison refuserions-nous au vieux maître d'Ascra ces continuations, ces annexes, que la *Théogonie* reçut aussi bien que les *OEuvres*, et où, plus tard encore, l'école qui procéda de lui, se produisit sous un troisième aspect, sous un aspect mythique et historique à la fois, compilant de toutes parts les généalogies, les légendes des héros, pour les placer à la suite des généalogies et des légendes des dieux. Nous voulons parler surtout de cette épopée, ou plutôt de cette espèce de chronique héroïque, célèbre dans l'antiquité, mais perdue aujourd'hui, sauf un petit nombre de fragments, et qu'on trouve citée jusqu'au ve siècle de notre ère, sous les noms divers de *Catalogue des femmes* (les mères de héros), de *Grandes Eœées* (à cause d'une formule qui s'y répétait de récit en récit), ou de *Généalogies héroïques ;* car ces différents noms semblent désigner un même corps d'ouvrage, d'une étendue plus considérable qu'aucun des autres poëmes hésiodiques, et distribué en cinq livres, qui furent peut-être des chants originairement distincts. La tradition les attribuait en masse à Hésiode; mais la critique y reconnaît sans peine des signes nombreux de postériorité, même relativement à la *Théogonie*, bien qu'ils semblent y tenir aujourd'hui encore par la dernière partie, sans doute ajoutée après coup, de celle-ci. Le fragment le plus considérable des *Grandes Eœées* fut détaché, on ne sait à quelle époque, pour servir d'introduction au petit poème parvenu jusqu'à nous avec le titre de *Bouclier d'Hercule*, quoique la description de ce bouclier ne soit qu'un accessoire du combat d'Hercule et de Cycnus, qui en est le véritable sujet. Ce petit poëme, du moins avec cet accessoire, imitation ingénieuse, mais récente, de la description du bouclier d'Achille dans l'Iliade, ne saurait, malgré les sentiments d'Apollonius de Rhodes, passer pour une œuvre hésiodique, au même titre que les *Noces de Céyx*, la *Descente de Thésée aux enfers*, l'*Épithalame de Thétis et de Pélée*, qui paraissent avoir été autant d'épisodes de la *Héroogonie*. D'autres ouvrages perdus également furent encore mis sur le compte d'Hésiode, mais avec moins d'unanimité que les précédents : ce sont l'*Ægimius,* histoire mythique de la nation dorienne attribuée aussi à Cercops de Millet ; la *Mélampodie,* distincte d'un *poème divinatoire* et d'un *poème astronomique* ou *astrologique,* et souvent citée sans nom d'auteur ; les *Conseils de Chiron* à Achille, etc., ces dernières productions tout au plus dans la manière générale de l'école hésiodique, et se rattachant plutôt à l'école orphique qui la continua.

Les éditions les plus importantes des poèmes d'Hésiode, sans parler des anciennes, sont celles de Grævius, Amsterdam, 1667, in-8° ; de Th. Robinson, Oxford, 1734, in-4°, reproduite par Lœsner, Leipzig, 1778, in-8° ; de Th. Gaisford dans son recueil des *Poætæ græci minores,* tom. I, réimprimé à Leipzig, en 1823, avec toutes les scholies et de nombreuses variantes ; de Boissonade, dans le *Sylloge poætorum, græcorum* tom. XI, Paris, 1824, in-18 ; de Gœttling, Gotha et Erfurt, 1831, in-8° (2ᵉ édition, 1843). Il faut citer encore les éditions spéciales des *Œuvres et Jours,* par Lanzi, Flor., 1808, et par Spohn, Leipz., 1819, in-8° ; de la *Théogonie,* par Fr.-A. Wolf, Halle, 1783, in-8° ; du *Bouclier,* par Heinrich, Breslau, 1802, in-8° ; et la collection précieuse des *Fragments,* par Lehmann, *de Hesiodi Carm. perd.,* part. I, 1828. Quant aux questions historiques et littéraires concernant Hésiode, son époque et ses ouvrages, les écrits qui ont le plus contribué à les éclairer, et dont nous avons fait notre profit, sont ceux de Heyne et de Voss, de

Creuser et de Hermann, de Fr. Thiersch, de Twesten, d'O. Müller, de Welcker, de Klausen, de Nitzsch (les quatre derniers plus ou moins dans notre point de vue, auquel semble revenu à bien des égards Hermann lui-même, avec sa grande autorité, dans le 6º volume de ses Opuscules). Ajoutons les utiles recherches critiques de Müttzel *De Emendat. Theogon.*, 1883, et de Lehrs, *Quæst. Epicæ*, 1837 (1).

---

(1) Sans prétendre compléter cette liste par l'énumération des nombreux travaux dont les poèmes hésiodiques ont été l'objet, il faut encore citer quelques noms ; Köchly, qui, suivant les traces de G. Hermann et de Gruppe, divise la *Théogonie* en strophes de trois vers et, par ce procédé bizarre, en réduit singulièrement l'étendue ; Marckscheffel, auteur d'une bonne édition critique des fragments ; Hans Flach, qui a publié en 1874 et 1876, une exposition du système cosmogonique d'Hésiode et une édition critique des Scholies de la *Théogonie* : enfin, et surtout, Gerhard et Schömann, pour leurs travaux critiques et leurs éditions.

J. G.

# LA THÉOGONIE

## POÈME D'HÉSIODE

### TRADUIT PAR M. PATIN

#### de l'Académie Française [1]

---

Commençons notre chant par les Muses, habitantes du haut et divin Hélicon, qui, près d'une noire fontaine, devant l'autel du puissant fils de Cronos, mènent des danses légères ; qui, après avoir baigné leur beau corps dans les eaux du Permesse, de l'Hippocrène, du divin Olmeios, couronnent de chœurs gracieux, ravissants, les sommets de la montagne sacrée et les foulent sous leurs pieds agiles. C'est de là qu'elles descendent, lorsque, la nuit, dans un nuage, elles s'en vont parcourir la terre, faisant retentir au loin leur voix harmonieuse. Elles chantent Zeus qui

---

[1] La nouvelle version de la *Théogonie* a été revue sur l'édition du texte grec donnée, en 1836, à Berlin, par Édouard Gerhard. Accommodée, autant qu'il se pouvait, aux exigences de la critique moderne par une scrupuleuse reproduction des noms propres et des formules familières à la vieille poésie épique, elle conserve néanmoins un caractère surtout littéraire. Comme on n'y joignait point de notes, on n'a pas voulu non plus y tenir compte des transpositions ou suppressions de vers que peut suggérer une étude de ce poème au point de vue mythologique ; on n'a songé qu'à mettre aux mains des amateurs une version fidèle du texte tel que l'a conservé la tradition des manuscrits. (Note de M. Egger.)

s'arme de l'égide, Héra qui règne dans Argos et marche sur une chaussure dorée, la fille du roi des dieux, Athéné aux yeux d'azur, Apollon et sa sœur la chasseresse Arthémis, Poséidon, ce dieu dont les eaux embrassent la terre, dont le sceptre l'ébranle, la vénérable Thémis, Aphrodite aux doux regards, Hébé à la couronne d'or, la belle Dioné, l'Aurore, le grand Hélios, la brillante Séléné, et Latone, et Japet, et Cronos aux rusés conseils, la Terre, le vaste Océan, la Nuit obscure, la race des autres dieux immortels.

Elles-mêmes elles enseignèrent leurs beaux chants à Hésiode, tandis qu'il paissait son troupeau au pied du divin Hélicon ; et voici comme me parlèrent ces déesses de l'Olympe, ces filles de Jupiter :

« Pasteurs qui dormez dans les champs, race grossière et brutale, nous savons ces histoires mensongères qui ressemblent à la vérité ; nous pouvons aussi quand il nous plaît, en raconter de véritables. »

Ainsi dirent les filles éloquentes du grand Zeus, et elles placèrent dans mes mains un sceptre merveilleux, un verdoyant rameau d'olivier; elles me soufflèrent une voix divine, pour annoncer ce qui doit être et ce qui fut ; elles m'ordonnèrent de célébrer la race des immortels, les bienheureux habitants du ciel, elles surtout, dont la louange devait toujours ouvrir et terminer mes chants.

Mais c'est assez discourir, comme l'on dit, *sur le chêne et sur la pierre.*

Commençons donc par les Muses, qui, dans l'Olympe, charment la sublime intelligence de leur père, lorsqu'unissant leurs voix, elles disent et le présent, et l'avenir, et le passé. De leurs lèvres coulent avec une douceur infinie d'inépuisables chants : ils réjouissent le palais de Zeus, le maître de la foudre, où ils se répandent en accents harmonieux, et ils résonnent sur les sommets neigeux de l'Olympe, demeure des immortels. Cependant leur bouche céleste s'ouvre pour chanter et cette famille divine que Géa (la terre), et le vaste Ouranos (le ciel), engendrèrent, et les enfants qui en naquirent, les dieux auteurs de tous biens : elles chantent Zeus, le père des dieux et des hommes, commençant, finissant par ses louanges, célébrant en lui le plus fort, le plus puissant des dieux ; elles chantent la race des humains et celle des redoutables géants. Ainsi charment dans l'Olympe le cœur de Zeus ces divinités de l'Olympe que Zeus fit naitre, que dans la Piérie lui donna Mnémosyne, souveraine des coteaux fertiles d'Eleuthère, ces filles de la déesse de mémoire, qui font oublier les maux et calment la douleur. Zeus, durant neuf nuits, avait visité leur mère, montant, loin du regard des immortels, dans sa couche sacrée ; et, quand l'année s'approcha de son terme, que les mois furent accomplis, que les jours marqués arrivèrent, elle mit au jour neuf vierges, qu'un même esprit anime, le cœur libre de soucis, sans autre soin que de chanter. Ce fut non loin de la dernière cime et des neiges de l'Olympe, où sont les brillants palais, théâtre de leurs jeux, où près d'elles ont leur demeure les Grâces et le Désir. Là, dans la joie des festins, leur voix ravissante chante les lois de l'univers et la vie divine des immortels. De ces lieux elles montent vers le sommet de l'Olympe avec leurs accents mélodieux, leurs célestes chansons. Tout à l'entour, les échos de la noire terre les répètent, et sous leurs pas cadencés naît une aimable harmonie, tandis qu'elles s'avancent vers leur père. Au haut du ciel règne ce dieu, qui, maître du tonnerre et de la foudre étincelante, vainqueur de son père Cronos, régla souverainement les rangs et les honneurs des immortels.

Voilà ce que chantent les Muses, habitantes des palais de l'Olympe, les neuf filles du grand Zeus, Clio, Euterpe, Thalie, Melpomène, Terpsichore, Érato, Polymnie, Uranie, Calliope, la première entre ses sœurs, car elle habite avec les rois. Si, parmi ces nourrissons de Zeus, il en est un que les déesses ses filles protègent, et qu'elles aient regardé à sa naissance d'un œil favorable, elles répandent sur sa langue une douce rosée; de sa bouche les paroles coulent comme le miel; les peuples le contemplent, lorsqu'il juge les différents et prononce ses équitables arrêts; il parle avec autorité, et devant ses discours tombent aussitôt les plus vives discordes. Car c'est en cela que se montre la sagesse d'un roi, qu'aux peuples opprimés ses jugements rendus sur la place publique assurent de justes réparations, et que l'on cède facilement à ses persuasives paroles. Marche-t-il par la ville, on l'adore comme un dieu, avec respect et amour; il paraît le premier au milieu de la foule qui l'entoure. Tels sont pour les humains les célestes présents des Muses. Des Muses et d'Apollon viennent les poètes, les maîtres de la lyre; de Zeus viennent les rois. Heureux le mortel aimé des Muses! Une douce voix coule de sa bouche. Quand vous êtes dans le malheur, dans l'affliction, que votre cœur se sèche de douleur, si un serviteur des Muses vient à chanter l'histoire des premiers humains et des bienheureux habitants de l'Olympe, vous oubliez vos chagrins, vous n'avez plus souvenir de vos maux, et soudain vous êtes changé par le divin bienfait de ces déesses.

Filles de Zeus, je vous invoque. Donnez-moi des chants dignes de plaire. Dites cette race divine et immortelle, qui naquit de la terre, du Ciel étoilé, de la Nuit obscure, ou sortit du sein de l'onde amère ; dites comment furent avant le reste et la terre, et les fleuves, et l'immense mer, dont les flots se gonflent et s'agitent, et les astres rayonnants et au delà le vaste ciel, et les enfants de ces dieux, les dieux auteurs de tous biens ; dites quelles possessions, quels honneurs ils obtinrent en partage, comment pour la première fois ils occupèrent l'Olympe aux sinueux replis ; dites-moi toutes choses, ô Muses, dont l'Olympe est le séjour, et, les reprenant dès l'origine, enseignez-moi d'abord par où tout a commencé.

Au commencement donc fut le Chaos, puis Géa au vaste sein, éternel et inébranlable soutien de toutes choses, puis, dans le fond des abîmes de la terre spacieuse, le ténébreux Tartare, puis enfin l'Amour, le plus beau des immortels, qui pénètre de sa douce langueur et les dieux et les hommes, qui dompte tous les cœurs, et triomphe des plus sages conseils.

Du Chaos et de l'Érèbe naquit la noire Nuit ; de la Nuit, l'Éther et le Jour, fruits de son union avec l'Érèbe. A son tour, Géa engendra d'abord, égal à elle-même en grandeur, Ouranos, qui devait la couvrir de toutes parts de sa voûte étoilée, et servir éternellement de séjour aux bienheureux immortels. Elle engendra les hautes Montagnes, demeure des Nymphes qui habitent leurs riants vallons; elle produisit, sans l'aide de l'amour, la Mer au sein stérile, aux flots qui se gonflent et s'agitent. D'elle et d'Ouranos naquirent le profond Océan, Cœus, Crios, Hypérion, Japet, Théa, Rhéa, Thémis, Mnémosyne, et Phébé à la couronne d'or, et l'aimable Thétis, Cronos enfin, après tous, le rusé Cronos, de leurs enfants le plus terrible, qui, dès le jour de sa naissance, haïssait déjà son père. Géa enfanta encore les durs Cyclopes, Brontès, Stéropès, Argès, qui ont donné à Zeus sa foudre, qui ont forgé son tonnerre. Semblables en tout le reste aux autres dieux, ils n'avaient qu'un œil au milieu du front : mortels nés d'immortels, ils reçurent le nom de Cyclopes, à cause de cet œil unique, qui, au milieu de leur front, formait un cercle immense. Ils eurent en partage la force et excellèrent dans les arts. De Géa et d'Ouranos naquirent encore trois autres enfants, énormes, effroyables, qu'on n'ose nommer : c'étaient Cottos, Briarée, Gyas, race orgueilleuse ; de leurs épaules sortaient cent invincibles bras, et de là aussi, au-dessus de leurs robustes membres, s'élevaient cinquante têtes; leur force était extrême, immense comme leur corps.

Or de tous ces rejetons que produisirent Géa et Ouranos, ils furent les plus terribles, et dès l'origine, en horreur à leur père. A peine ils étaient nés, qu'il les cachait au jour dans les profondeurs de la terre, semblant se plaire à ces détestables œuvres. Cependant Géa, que remplissait leur masse, gémissait amèrement au-dedans d'elle-même. Elle médite une ruse cruelle, engendre le fer, en forge une immense faux et, le cœur plein de tendresse, tient à ses enfants ce langage audacieux :

« O mes enfants, vous que fit naître un père dénaturé, si vous voulez m'en croire, nous nous vengerons de ses outrages, car, le premier, il vous a provoqués par ses forfaits. »

Elle dit, mais la crainte les saisit tous ; aucun n'élève la voix ; seul, prenant confiance, le grand, le prudent Cronos répond en ces mots à sa mère vénérable :

« Ma mère, j'accepte cette entreprise et je l'accomplirai. Je me soucie peu d'un odieux père, car, le premier, il a médité contre nous de détestables actes. »

Il dit, et l'immense Géa se réjouit en son cœur. Elle le cache dans un lieu secret, arme sa main de la faux aux dents acérées, et le prépare à la ruse qu'elle a conçue. Bientôt Ouranos descend avec la Nuit ; il vient s'unir à Géa, et s'étend de toutes parts pour l'embrasser. Alors, s'élançant de sa retraite, Cronos le saisit de la main gauche, et, de la droite, agitant sa faux immense, longue, acérée, déchirante, il le mutile, et jette au loin derrière lui sa honteuse dépouille. Ce ne fut pas vainement qu'elle s'échappa des mains de Cronos. Les gouttes de sang qui en coulaient furent toutes reçues par Géa, et, quand les temps furent arrivés, son sang fécond engendra les redoutables Erinnyes, les énormes Géants, couverts d'éclatantes armures, portant dans leurs mains de longues lances, les Nymphes habitantes de la terre immense, que l'on nomme Mélies. Cependant ces divins débris, que le tranchant du fer avait détachés, étaient tombés dans la vaste mer ; longtemps, ils flottèrent à sa surface, et, tout autour, une blanche écume s'éleva, d'où naquit une jeune déesse. Portée d'abord près de Cythère, puis vers les rivages de Chypre, ce fut là qu'on vit sortir de l'onde cette déesse charmante ; sous ses pas croissait partout l'herbe fleurie. Les dieux et les hommes l'appellent Aphrodite, parce qu'elle naquit de la mer ; Cythérée à la belle couronne, parce qu'elle s'approcha de Cythère ; Cypris, parce qu'elle parut pour la première fois sur les rivages de Cypre ; amie de la volupté, en souvenir de son origine. Dès sa naissance, lorsqu'elle allait prendre sa place dans l'assemblée des dieux, l'Amour et le bel Liméros (le Désir) marchèrent à sa suite. Elle eut dès l'abord en partage, entre tous les immortels, et tous les humains, les entretiens séducteurs, les ris gracieux, les doux mensonges, les charmes, les douceurs de l'amour.

Irrité contre ses enfants, contre ceux qu'il avait fait naître, Ouranos les appela Titans, exprimant par ce mot leur œuvre coupable, et les menaçant pour l'avenir d'un châtiment.

Et la Nuit engendra le triste Sort, la sombre destinée, la Mort, le Sommeil, la troupe des Songes; la Nuit les engendra seule, sans s'unir à aucune autre divinité. Ensuite elle fit naître Momus, et la cruelle Douleur, enfin les Hespérides, gardiennes de ces beaux fruits, de ces fruits d'or, qui croissent aux confins de l'Océan : elle enfanta les Parques, ces sévères ministres de la destinée, Clotho, Lachésis, Atropos, qui président à la naissance des mortels, et leur distribuent les biens et les maux, qui, chargés de poursuivre les attentats des hommes et des dieux, ne laissent point reposer leur courroux que le coupable, quel qu'il soit, n'ait reçu son châtiment. De la funeste Nuit sortit encore Némésis, le fléau des humains, puis la Fraude et la Débauche, l'affreuse Vieillesse, l'ardente Discorde.

A son tour l'affreuse Discorde produisit le pénible Travail, l'Oubli, la Faim, les Douleurs, sources de larmes amères, les Combats, les Meurtres, les Massacres, les Disputes, le Mensonge, l'Équivoque, l'Anarchie et l'Injure, son habituelle compagne, le Serment enfin, si fatal à l'homme, quand il ne craint pas de se parjurer.

La Mer donna le jour au véridique Nérée : c'est l'aîné de ses enfants; on célèbre le vieillard parce qu'il est sincère et bon, que jamais il n'oublie les lois de l'équité, qu'il n'a que des pensées de justice et de douleur. La Mer eut encore de son union avec la Terre le grand Thaumas, le fier Phorcys, la belle Céto, Eurybie dont la poitrine enferme un cœur de fer.

De Nérée et de la blonde Doris, fille de l'immense Océan, naquit dans la mer stérile une aimable postérité : Proto, Eucranté, Sao, Amphitrite, Eudore, Thétis, Galéné, Glaucé, Cymothoé, Spéio, Thoé, la charmante Halie, la gracieuse Mélite, Eulimène, Agavé, Pasithée, Érato, Eunice aux bras de rose, Doto, Proto, Phérusa, Dynamène, Nésée, Actée, Protomédie, Doris, Panopée, et la belle Galathée, et l'aimable Hippothoé, Hipponoé aux bras de rose, Cymodocé qui, avec Cymatolège et la légère Amphitrite, apaise d'un mot les vagues courroucées de la sombre mer et le souffle furieux des vents ; Cymo, Eioné, Halimède à la brillante couronne, Glauconome au doux sourire, Pontoporie, Leiagore, Évagore, Laomédie, Polynome, Autonoé, Lysianasse, Évarné, dont le port est aimable et la beauté parfaite, Psamathée si remplie de grâce, la divine Ménippe, Néso, Eupompe, Thémisto, Pronoé, Némertès enfin, qu'anime l'esprit véridique de son immortel père. Telles furent les cinquante filles qui naquirent de l'irréprochable Nérée, déesses irréprochables comme le dieu qui les fit naître.

Thaumas s'unit à Électre, fille du profond Océan ;

il en eut la rapide Iris, les Harpyes à la belle chevelure, et Aëllo, et Ocypète, qui d'une aile légère suivent dans leur vol les vents et les oiseaux, qui jamais ne quittent la région de l'air.

Phorcys eut de Céto les belles Grées ; ainsi les nomment, à cause des cheveux blancs qui dès leur naissance ombragèrent leur front, et les dieux immortels et les hommes, habitants de la terre. C'est Péphrédo, au riche voile, Ényo, au voile doré. Après elles naquirent les Gorgones, qui habitent au delà de l'illustre Océan, aux extrémités de la terre, près de la Nuit, avec les Hespérides à la voix éclatante. C'est Sthéno, Euryale, Méduse, qui souffrit des maux si cruels. Méduse était mortelle, tandis que ses sœurs n'étaient sujettes ni à la vieillesse ni à la mort. Elle seule pourtant reçut, sur une molle prairie, parmi les fleurs du printemps, les embrassements du dieu à la chevelure azurée. Lorsque Persée eut coupé sa tête, de son sang s'élancèrent le grand Chrysaor et le cheval Pégase : celui-ci ainsi nommé des sources de l'Océan près desquelles il reçut la naissance, et l'autre, de l'épée d'or qu'il portait dans ses mains. Prenant son vol loin de la terre féconde, Chrysaor s'alla joindre aux immortels : il habite le palais de Zeus et au prudent Zeus il apporte sa foudre.

De Callirhoé, fille de l'illustre Océan, Chrysaor eut Géryon, aux trois têtes. Hercule vainquit ce monstre dans l'île d'Érythie, près de ses bœufs au pied flexible, au large-front, le jour où, les enlevant, après avoir tué, au fond de leur étable obscure, ceux qui les gardaient, le chien Orthros et le pasteur Eurityon, il les chassa devant lui, à travers les flots de l'Océan, et les conduisit dans la ville sacrée de Tirynthe.

Callirhoé enfanta encore dans une caverne un être monstrueux, auquel rien ne ressemble chez les dieux et chez les hommes, la divine, la redoutable Échidna. C'est dans la partie supérieure de son corps une jeune nymphe au doux regard, au beau visage, et dans le reste un énorme et affreux serpent, tout couvert d'écailles aux couleurs changeantes, qui se repait d'une nourriture sauvage dans les entrailles de la terre. Là, dans un antre, sous des rochers, loin des immortels et des mortels, est l'illustre demeure que lui ont assignée les dieux. Ainsi, près des monts Arimes, sous la terre a été reléguée la triste Échidna, nymphe immortelle, à jamais exempte de la vieillesse.

On dit que de Typhon, le plus impétueux, le plus terrible des vents, cette nymphe aux beaux yeux conçut une formidable race : d'abord le chien Orthros, que posséda Geryon; puis l'horrible, le dévorant Cerbère, le gardien des demeures d'Hadès, le monstre aux cinquante têtes, à la voix d'airain, au corps énorme, à la force indomptable; enfin, la cruelle Hydre de Lerne, que nourrit Héra dans son implacable haine contre Héraclès, mais qu'immola de son épée d'airain l'héritier d'Amphitryon, le fils de Zeus, aidé du courage d'Iolas et des conseils de la guerrière Athéné. Enfin c'est la Chimère, vomissant d'invincibles feux, la terrible, l'immense, la rapide et indomptable Chimère. Ce monstre avait trois têtes, une de lion, une de chèvre sauvage, une de serpent; son encolure était d'un lion, sa croupe d'un serpent; le reste d'une chèvre sauvage. Prodige affreux, de sa bouche s'échappaient des torrents de feu. Pégase et l'intrépide Bellérophon la firent périr. Du commerce de ce monstre avec Orthros sortit le Sphinx, fléau des Thébains, et ce lion qu'éleva l'auguste épouse de Zeus, et qu'elle lança sur les fertiles plaines de Némée pour le malheur de leurs habitants. Cet hôte terrible les dévorait en foule ; il régnait sur le Trétos de Némée, sur Apésas : mais enfin il périt, dompté par les bras vigoureux d'Héraclès.

Le dernier des enfants que Céto eut de Phorcys fut ce redoutable serpent, qui vit dans une caverne aux extrémités de la terre, et garde les fruits d'or du jardin des Hespérides. Telle est la postérité de Phorcys et de Céto.

De Téthys et de l'Océan sortirent les fleuves rapides, et le Nil, et l'Alphée, avec le profond Éridan, et le Strymon, et le Méandre, avec le limpide Ister, le Phase, le Rhésus, l'Achéloüs qui roule des flots d'argent, le Nessus et le Rhodius, l'Haliacmon et l'Heptapore, le Granique, l'Æsépos, le divin Simoïs, le Pénée, l'Hermos, le Caïcos au tranquille cours, le vaste Sangarios, et le Ladon, et le Parthénios, et l'Événos, et l'Adrescos, et le divin Scamandre.

Téthys donna encore le jour à ces filles divines, auxquelles en tous lieux, comme à Apollon, comme aux fleuves, les hommes sacrifient leur chevelure. C'est Pitho, Admète, Ianthe, Électre, Doris, Prymno, et Uranie, belle comme les déesses ; c'est Hippo, Clymène, Rhodia, Callirhoé, Zeuxo, Clytie, Idya, Pasithoé, Plexaure, Galaxaure et l'aimable Dioné ; c'est Mélobosis, Thoé, la belle Polydore, la séduisante Cercéis, Plouto aux grands yeux, et Perséis, et Ianira, et Acaste, et Xanthé ; c'est Pétrée qui charme les cœurs, Ménestho, Europe, Métis, Eurynome, Télesto au voile couleur de safran, Chryséis, Asie, l'aimable

Calypso; c'est Eudore, c'est Tyché, c'est Amphirhoé, c'est Ocyrhoé, c'est la nymphe Styx, la première parmi toutes ses sœurs. De l'Océan et de Téthys naquirent d'abord ces filles et ensuite beaucoup d'autres : car il est trois mille Océanides aux pieds gracieux, répandues sur la terre et présidant partout aux sources profondes, race brillante et divine. Autant de fleuves roulent à grands bruits leurs ondes, tous fils de l'Océan, tous issus de la vénérable Téthys; une bouche mortelle ne saurait les nommer tous; mais ceux-là connaissent leurs noms qui habitent près de leurs rives.

Théia fut mère du Soleil immense, de la Lune brillante, de l'Aurore, qui luit aux yeux des habitants de la terre et des habitants du large ciel. Elle les eut de son commerce avec Hypérion.

Unie à Crios, Eurybie, la première des nymphes, mit au jour le grand Astræos, et le grand Pallante, et Persès, dont nul n'égalait la science.

D'Astræos l'Aurore eut la race impétueuse des vents, et le violent Zéphyre, et le rapide Borée, et le Notus, fruits des amours d'un dieu et d'une déesse. Ensuite la déesse matinale produisit le brillant Héosphore, et les astres étincelants dont le ciel se couronne.

La nymphe Styx, fille de l'Océan, eut de son union avec Pallante le Zèle et la Victoire, la Puissance et la Force, illustres enfants. Ce n'est pas loin de Zeus que sont leurs palais et leurs trônes; toujours ils siègent aux côtés, partout ils marchent à la suite du dieu qui fait gronder la foudre. Ainsi s'accomplirent les prudents conseils de Styx, l'immortelle Océanide, le jour où, sur les sommets de l'Olympe, le maître de l'Olympe, dieu aux flamboyants éclairs, convoqua tous les immortels. « Celui-ci, dit-il, qui viendra combattre avec moi contre les Titans ne perdra rien de ses divins attributs ; tous conserveront les honneurs dont ils jouissaient auparavant parmi les dieux, et si quelqu'un, sous le règne de Cronos, n'avait obtenu ni honneur ni récompense, il recevra l'un et l'autre comme le veut la justice. » Alors, vint la première sur l'Olympe, par le conseil de son père, l'immortelle nymphe Styx avec ses enfants. Zeus l'honora du prix le plus glorieux ; il voulut que jurer par ses eaux fût pour les dieux le plus redoutable des serments ; il ordonna que ses enfants habitassent éternellement avec lui. Il remplit également envers tous toutes ses promesses, possédant lui-même une puissance sans bornes et un empire souverain.

Phœbé entra dans la couche fortunée de Cœos, et des amours de ce dieu et de cette déesse naquit Latone au voile d'azur, à l'inaltérable douceur, qui jamais ne s'irrite contre les hommes ou contre les dieux, la plus gracieuse, la plus riante des habitantes de l'Olympe. Phœbé eut encore de Cœos l'illustre Astérie, que Persès conduisit dans son superbe palais et nomma son épouse.

D'Astérie naquit Hécate, favorisée par Zeus entre toutes les divinités, comblée par lui de magnifiques dons, qui en reçut une part de la terre et de la mer, qui déjà, sous le règne d'Ouranos, jouissait d'un sort glorieux, que révèrent les immortels eux-mêmes. Quelqu'un parmi les humains offre-t-il, selon les rites sacrés, un sacrifice expiatoire, c'est Hécate qu'il invoque ; à celui-là viennent aussitôt la grandeur et la fortune, dont la puissante Hécate reçoit favorablement les prières.

Aux attributs répartis entre les enfants de la Terre

et du Ciel Hécate avait participé. Zeus ne lui a rien ravi de ce qu'elle obtint autrefois parmi les premiers dieux, parmi les Titans ; elle possède encore tout ce que lui a donné cet antique partage. Pour être seule de sa race, ses honneurs n'en sont pas moindres sur la terre, sur la mer et dans le ciel ; au contraire, ils se sont accrus, parce que Zeus l'honore. Elle peut, comme elle le veut, prêter son aide puissante aux humains : à son gré, elle leur accorde l'empire dans les assemblées des peuples ; lorsqu'ils se précipitent au milieu de la mêlée meurtrière, elle est là, qui leur distribue à son gré la victoire et la renommée. Dans les jugements elle s'assied auprès des rois, sur leur auguste tribunal. C'est elle qui préside aux jeux de la lice, et le mortel qu'elle favorise, vainqueur de ses rivaux par la force et par le courage, emporte sans peine le prix du combat, et, le cœur plein de joie, couronne de sa gloire ceux qui l'ont fait naître. C'est elle qui préside aux courses de char, aux travaux de la mer orageuse. Les matelots l'invoquent ainsi que le dieu qui ébranle à grand bruit la terre. Elle peut, à sa volonté, envoyer au chasseur une riche proie, ou la lui ravir. C'est elle encore, qui, dans les étables, préside, avec Hermès, à la prospérité des troupeaux ; par elle par sa volonté, se multiplient ou dépérissent et les bœufs, et les chèvres, et les brebis à l'épaisse toison. Ainsi quoique seule de sa race, quoique l'unique fruit des amours de sa mère, elle a part à tous les honneurs des dieux. Le fils de Cronos confia en outre à ses soins les premières années de tous les hommes qui après elle ouvriraient les yeux à la lumière de l'éclatante Aurore ; elle dut être dès l'origine leur nourrice et leur mère. Voilà les glorieuses fonctions qui lui furent départies.

Cédant à l'amour de Cronos, Rhéa eut de lui d'illustres enfants, Hestia, Déméter, Héra à la chaussure d'or, le redoutable Hadès aux demeures souterraines, au cœur inflexible, l'impétueux et bruyant Poséidon, le sage Zeus, père des dieux et des hommes, qui de sa foudre ébranle la vaste terre. A peine sortis des entrailles sacrées de leur mère et déposés sur ses genoux, le grand Cronos engloutissait dans son sein tous ses enfants : c'était pour qu'aucun des glorieux descendants du ciel ne pût un jour lui ravir le sceptre. Car il avait appris d'Ouranos et de Géa, que le sort le condamnait à passer, malgré sa puissance, sous le joug d'un de ses fils, à succomber sous les conseils de Zeus. Ne perdant pas de vue ce danger, attentif à le prévenir, Cronos dévorait ses propres enfants, et Rhéa était en proie à la douleur. Le moment venu de donner le jour à Zeus, elle supplie ses antiques parents, Géa et Ouranos couronné d'astres, elle implore leurs conseils pour cacher la naissance de son fils, pour que ce fils puisse un jour punir les fureurs d'un père cruel, de ce grand et rusé Cronos qui avait dévoré ses propres enfants. Ils l'entendent et l'exaucent; ils lui révèlent ce que les destins ont décidé et de Cronos et de son fils au cœur indomptable; ils l'envoient à Lyctos, dans la riche terre de Crète, lorsqu'elle est près d'enfanter le dernier de sa race, le grand Zeus; l'immense Géa le reçoit, se charge de l'élever et de le nourrir dans les vastes campagnes de la Crète. D'une course rapide, au milieu des ombres de la nuit, la déesse se rend à Lyctos; elle y porte le fruit de ses entrailles, que recueille Géa, et qu'elle cache dans un antre profond, sous les épaisses forêts du mont Égée. Enveloppant de langes une énorme pierre, Rhéa la présente au puissant fils d'Ouranos, au précédent roi des dieux. Il la prend et l'engloutit aussitôt ; insensé, qui ne sait pas qu'au lieu de cette pierre un fils lui est conservé, un fils qui ne connaîtra ni la défaite ni les soucis, qui bientôt doit le dompter par la force de son corps, le dépouiller de ses honneurs, et régner à sa place sur les immortels.

Cependant le nouveau dieu s'élevait rapidement ; ses forces s'augmentaient avec son courage. Le temps venu, surpris par les ruses de Géa, vaincu par les bras et les conseils de son fils, le rusé Cronos rendit à la lumière ces dieux issus de son sang, qu'il avait engloutis. Et d'abord il vomit la pierre engloutie après eux. Zeus la fixa sur la terre, dans la divine Pytho, au pied du Parnasse, pour être un jour, aux yeux des mortels, le monument de ces merveilles.

Par lui furent ensuite délivrés les Ouranides, ses oncles, que, dans sa fureur insensée, son père avait chargés de chaines. En reconnaissance de ce bienfait, ils lui donnèrent la foudre ardente, le tonnerre, les éclairs, jusqu'alors enfermés dans le vaste sein de la Terre. C'est par ces armes qu'il règne sur les hommes et sur les dieux.

Pour femme, Japet se donna la belle Clymène, fille de l'Océan. Avec elle il entra dans la même couche et elle lui donna pour fils l'indomptable Atlas, l'orgueilleux Ménétios, Prométhée au génie subtil et artificieux, l'imprudent Épiméthée, le premier auteur de nos maux, si funeste aux humains, car c'est lui qui reçut cette vierge que Zeus avait formée. Zeus au perçant regard frappa de sa foudre et précipita dans l'Érèbe Ménétios, indigné de son arrogance et de son audace. Par une dure loi relégué aux extrémités de la terre, non loin des harmonieuses Hespérides, Atlas soutient de sa tête et de ses infatigables mains la voûte immense du ciel. C'est le prudent Zeus qui lui assigna cette destinée. Le même dieu chargea d'indissolubles liens et enchaîna fortement à une colonne le rusé Prométhée; il lui envoya un aigle aux ailes étendues, qui se repaissait de son foie immortel. Autant le monstre ailé en avait dévoré pendant le jour, autant il en renaissait pendant la nuit. Mais le fils de la belle Alcmène, le courageux Héraclès, délivra Prométhée de son bourreau et termina ses souffrances. Ainsi le permit le dieu qui règne au sommet de l'Olympe, afin que la gloire du héros thébain s'accrût encore sur cette terre, féconde nourrice des êtres. Il voulut honorer par cette nouvelle victoire son illustre fils et calma en sa faveur le courroux qu'il avait autrefois conçu contre Prométhée, parce que celui-ci avait osé entrer en lutte avec les conseils du puissant fils de Cronos. Dans le temps que se jugeait, à Mécone, la dispute des dieux et des hommes, Prométhée servit à Zeus, pour surprendre sa prudence, un bœuf immense dont il avait d'avance fait le partage : une part contenait, renfermées dans la peau de l'animal, la chair, les grasses entrailles : dans une autre les os artistement disposés étaient recouverts d'une graisse épaisse :

« Fils de Japet, le plus illustre des rois, s'écria le père des dieux et des hommes, cher Prométhée, tu as fait là un partage bien inégal. »

Ainsi parla, pour le railler, Zeus aux conseils éternels. Le rusé Prométhée lui répondit avec un léger sourire, l'esprit toujours occupé de son artifice :

« Glorieux Zeus, le plus grand des immortels, choisis de ces deux portions celle qui t'agréera le plus. »

Il dit, pensant tromper Zeus ; mais le dieu aux conseils éternels n'était point abusé par sa ruse ; il la connaissait ; déjà, il méditait en lui-même contre les mortels une funeste vengeance, qui devait être accomplie. De ses mains il enleva l'enveloppe de graisse, et un violent courroux s'éleva dans son cœur à la vue des blancs ossements que sous une trompeuse apparence elle recélait. C'est depuis ce temps que sur la terre, chez toutes les races humaines, on brûle les os des victimes sur les autels fumants des dieux.

Cependant Zeus irrité s'écrie :

« Fils de Japet, dont nul n'égale l'adresse, cher Prométhée, tu n'as pas, on le voit, renoncé à la ruse ! »

Ainsi parla, dans sa colère, Zeus aux conseils éternels. Depuis, gardant le souvenir de son injure, il refusa aux mortels, aux malheureux habitants de la terre, le feu, ce puissant et actif élément. Mais il fut encore trompé par l'industrieux fils de Japet, qui sut le lui dérober, en refermant dans la tige d'une férule ses rayons éclatants. Cependant le cœur de Zeus est rongé par le dépit, la colère s'empare de son âme, lorsqu'il voit au loin, dans la demeure des humains, briller le feu qui lui est ravi. Pour se venger, il leur prépare aussitôt un fléau fatal. Par ordre du fils de Cronos, l'illustre boiteux façonne avec de l'argile la pudique image d'une vierge. Athéné aux yeux d'azur la revêt elle-même d'une blanche tunique, et elle-même lui attache sa ceinture ; elle jette sur sa tête un voile d'un merveilleux travail ; elle orne ses cheveux de fleurs fraîchement écloses, de gracieuses guirlandes; enfin, elle place sur son front une couronne d'or, chef-d'œuvre de l'illustre Boiteux. Ce dieu l'avait travaillée de ses mains, pour complaire aux désirs de Zeus, de son illustre père. On y voyait, en grand nombre, ciselés avec un art admirable, les monstres que nourrissent la terre et la mer ; une grâce divine brillait dans cet ouvrage; ces figures semblaient vivre et respirer.

Lorsque le dieu a ainsi préparé ce fléau décevant, ce présent fatal, il amène la jeune fille, parée des dons de la déesse aux yeux d'azur, au père tout-puissant, dans l'assemblée des dieux et des hommes. Les dieux et les hommes admirent ce piège cruel à l'attrait duquel la race mortelle n'échappera pas.

C'est d'elle que vient la race des femmes; c'est d'elle que viennent ces funestes compagnes de l'homme, qui s'associent à sa prospérité et non à sa misère. On voit les abeilles nourrir sous l'abri de leurs ruches de méchants et parasites frelons ; tandis qu'elles s'empressent tout le jour, jusqu'au coucher du soleil, pour composer leur miel, et remplir leurs blancs rayons, ceux-ci, à l'ombre des cellules, recueillent à loisir une moisson étrangère, et s'engraissent du labeur d'autrui. Telles sont les femmes que le dieu à la foudre retentissante a données aux hommes pour partager les fruits de leurs pénibles travaux. Bien des maux nous viennent de ce cruel présent que nous a fait Zeus au bruyant tonnerre. Si nous fuyons l'hymen et le commerce inquiet des femmes, nous n'avons, aux jours de la triste vieillesse, personne qui nous soutienne et nous console : en vain nous sommes dans l'abondance; à notre mort, des parents éloignés se partagent entre eux notre héritage. Le sort nous a-t-il unis à une épouse vertueuse et chère, le mal se mêle encore au bien dans toute notre vie. Mais s'il nous fait rencontrer quelque femme d'une race perverse, alors nous vivons dans l'amertume, portant au fond de notre cœur un éternel ennui, un chagrin que rien ne peut guérir.

Ainsi nul ne trompe l'esprit pénétrant de Zeus, nul ne lui échappe. Lui-même, le bienfaisant Prométhée, le fils de Japet, n'évita point la terrible atteinte de son courroux ; tout habile qu'il était, une invincible nécessité le fit tomber et le retint dans les fers.

Lorsqu'autrefois Briarée, Cœos et Gyas excitèrent le courroux d'un père, jaloux de leur force prodigieuse, de leurs formes gigantesques, de leur immense stature, il les chargea de liens et les enferma dans le sein de la vaste terre. Longtemps ils habitèrent au fond de ses derniers abîmes, livrés à la douleur, au désespoir. Mais Zeus et les autres immortels, fils de Rhéa et de Cronos, les rendirent enfin au jour, par le conseil de Géa. Elle leur avait découvert l'ordre des destinées, leur avait promis qu'avec l'aide de ses enfants ils remporteraient sur leurs ennemis une victoire éclatante. Depuis longtemps combattaient les uns contre les autres et se fatiguaient dans cette pénible lutte la race des Titans et les fils de Cronos. Au sommet du mont Othrys étaient postés les illustres Titans, et sur l'Olympe les dieux, auteurs de tous biens, nés de Cronos et de Rhéa à la belle chevelure. Depuis dix ans entiers, ils se faisaient avec succès égaux une guerre furieuse, acharnée, sans repos et sans trêve, dont le terme s'éloignait sans cesse. Mais quand les nouveaux alliés des dieux se furent rassasiés de nectar et d'ambroisie, et qu'avec cette céleste nourriture, ils se furent remplis d'une nouvelle audace, le père des dieux et des hommes leur tint ce discours.

« Écoutez, illustres enfants de la Géa d'Ouranos, ce que mon cœur me presse de vous dire. Voilà bien des années que combattent ensemble pour la victoire et l'empire, et les Titans et nous tous, qui sommes nés de Cronos. Venez dans la triste mêlée montrer aux Titans votre force terrible et vos redoutables bras. Souvenez-vous de l'amitié qui nous unit, des maux que vous avez soufferts, et qu'ont fait cesser mes conseils, de ces liens, de ces ténèbres, dont je vous ai retirés pour vous rendre à la lumière. »

Ainsi parla Zeus ; le noble Cottos lui répond à son tour.

« Tu n'as rien dit, auguste Zeus, qui ne soit nouveau pour nous. Nous aussi, nous connaissons ton intelligence suprême, ta sagesse que rien n'égale, et nous avons éprouvé combien, dans d'affreuses calamités, les dieux te trouvent secourable. Par toi, par tes prudents conseils, sortant enfin de ses ténèbres épaisses, de ces liens douloureux où nous étions retenus, nous reparaissons contre toute espérance, puissant fils de Cronos. C'est donc avec un cœur résolu, un zèle opiniâtre, que nous soutiendrons ton empire dans ce terrible conflit, engageant le combat avec les formidables Titans. »

Il dit, et à ces paroles applaudissent les dieux auteurs des biens. Une ardeur impatiente s'empare des cœurs. Tous, en ce jour, appelaient la guerre, et les dieux, et les déesses, et les Titans, et les fils de Cronos, et ces fiers et indomptables combattants à la force immense, ramenés par Zeus du fond de l'Érèbe et des abîmes de la Terre. Cent bras sortaient de leurs épaules, et de là aussi, au dessus de leurs robustes membres, s'élevaient cinquante têtes. Armés d'énormes rocs, ils se placent en face des Titans, dont les phalanges se rassemblent et se serrent ; des deux parts, ils ont une égale ardeur à montrer ce que peut la force de leurs bras. Soudain retentissent d'un bruit affreux la mer immense, la vaste terre ; le ciel ébranlé gémit ; le haut Olympe tremble jusque dans ses fondements, quand se heurtent les immortels ; au sombre Tartare même parvient le bruit du choc terrible, des pas qui se précipitent, de l'indicible mêlée, des coups violemment portés ; de tous côtés volent les lamentables traits ; la voix des deux partis qui s'animent au combat frappent le ciel étoilé ; du champ de bataille s'élève une immense clameur. Zeus ne contint pas longtemps dans son âme le courroux belliqueux dont elle était remplie : bientôt il fit paraître toute sa puissance. Il allait, lançant le tonnerre du haut de l'Olympe, du haut du ciel. De sa main infatigable partaient sans cesse, avec leurs roulements et leurs éclairs, les carreaux enflammés. La terre féconde brûle en frémissant ; les vastes forêts éclatent ; tout bouillonne et la terre entière, et les courants de l'Océan, et la mer immense ; autour des Titans infernaux se répand une vapeur étouffante, un air embrasé ; leurs audacieux regards sont éblouis, aveuglés par les lueurs de la foudre. L'incendie gagne jusqu'au Chaos ; et, à ce que voient les yeux, à ce qu'entendent les oreilles, on eût dit que la terre et le ciel se confondaient, l'une ébranlée sur sa base, l'autre tombant de sa hauteur. Tel était le fracas de ce combat que se livraient les dieux! En même temps, les vents soulèvent d'épais tourbillons de poussière, et les transportent, avec les éclairs et les tonnerres, ces traits du grand Zeus, avec les clameurs et le tumulte de la bataille, au milieu des deux armées. Du sein de l'affreuse mêlée s'élève un bruit effroyable; la force et le courage s'y déployant de part et d'autre, font pencher la balance. Longtemps on avait lutté avec une ardeur obstinée; mais, au premier rang, avaient livré un combat terrible Cottos, Briarée, le belliqueux Gyas. Trois cents rochers, lancés à la fois par leurs robustes bras, tombaient sans cesse sur les Titans et les couvraient comme d'une nue obscure. Ils les vainquirent enfin, malgré leur orgueilleux courage, et, chargés de durs liens, les envoyèrent au fond des abimes de la terre, aussi loin de sa surface que la terre l'est du ciel; car le même espace qui sépare le ciel de la terre sépare aussi la terre du Tartare. Tombant du ciel, une enclume d'airain roulerait pendant neuf jours et pendant neuf nuits, et, seulement à la dixième aurore, toucherait la terre; tombant de la terre, elle descendrait neuf autres jours, neuf autres nuits, et, à la dixième aurore seulement, entrerait dans le Tartare. Autour du Tartare s'étend un mur d'airain, se répand, dans sa partie la plus élevée, une triple nuit; au-dessus naissent les racines de la terre et de la mer; c'est là, dans d'épaisses ténèbres, d'infectes vapeurs, aux dernières bornes du monde, que, par la volonté du roi des cieux, sont ensevelis les Titans. Ils ne peuvent sortir de leur prison; des portes de fer, qu'y plaça Poséidon, en ferment l'entrée; d'impénétrables remparts l'investissent; et là habitent Gyas, Cottos et Briarée, gardes fidèles du redoutable Zeus. Là commencent la terre obscure, le noir Tartare, la mer stérile, le ciel étincelant ; là se touchent les sources, les limites : région affreuse, désolée, que détestent les dieux, gouffre immense et profond. Entré dans son enceinte, on ne pourrait, dans le cours d'une année entière, en atteindre l'extrémité ; on irait, on irait sans cesse, emporté çà et là par d'impétueux tourbillons. Au sein de ces étranges lieux, redoutés même des immortels, s'élève le triste palais de la Nuit, toujours enveloppé de sombres nuages. Devant se tient debout le fils de Japet, soutenant de sa tête et de ses mains, sans jamais se lasser, la voûte immense du ciel. Sur le large ciel d'airain se rencontrent et conversent ensemble le Jour et la Nuit. L'une sort lorsque entre l'autre, car jamais leur demeure ne les renferme ensemble. Tandis que l'une s'en élance pour commencer son cours autour de la terre, l'autre s'y retire pour y attendre le moment d'entrer ensemble dans la même carrière. C'est le Jour, portant la lumière aux mortels ; c'est la Nuit, la lugubre, la triste Nuit, menant avec elle le Sommeil, frère de la Mort.

Là ont leurs demeures le Sommeil et la Mort, ces enfants de la sombre Nuit, dieux puissants que jamais le brillant Hélios n'éclaire de ses rayons, soit qu'il monte dans les cieux, soit qu'il en descende. L'un est favorable aux humains ; il parcourt d'un vol paisible la terre, la vaste mer, pour leur verser ses doux présents. L'autre enferme dans sa poitrine une âme de bronze, un cœur d'airain ; on ne peut lui ravir celui des mortels qu'il a choisi pour victime ; c'est l'ennemi même des immortels.

Là aussi est le palais retentissant du dieu des

enfers ; le puissant Hadès y habite avec la dure Perséphone. Un chien redoutable veille à la porte ; ce monstre farouche, par un instinct perfide, flatte tous ceux qui s'en approchent, il les attire par le mouvement de sa queue et de ses oreilles. Mais, une fois entrés, il ne leur permet plus de sortir, et, attentif à leurs mouvements, il dévore aussitôt quiconque veut repasser le seuil du puissant Hadès et de la dure Perséphone.

Là enfin fait son séjour une divinité odieuse aux immortels ; c'est la redoutable nymphe Styx, fille aînée de l'Océan, ce fleuve dont le courant revient sur lui-même. Elle s'y tient, loin des dieux, dans un palais superbe, dont de hauts rochers forment le faîte, et que, de tous côtés, élèvent vers le ciel des colonnes d'argent. Parfois arrive en ces lieux, après avoir effleuré dans sa course le dos de la plaine liquide, la fille de Thaumas, la rapide Iris, chargée d'un message de Zeus. Elle vient par son ordre, lorsqu'une dispute s'est élevée parmi la troupe céleste, et qu'on y a trahi la vérité, chercher dans un vase d'or l'onde fameuse sur laquelle jurent les dieux. De la crête d'un rocher s'échappe goutte à goutte cette eau glacée. Sous la vaste terre dans l'antre de la nuit noire, coule en flots abondants, détaché du fleuve sacré, un bras de l'Océan. Une dixième partie en a été réservée, tandis que les neuf autres, roulant en bouillons argentés tout autour de la terre, de la mer au vaste dos, s'en vont tomber dans celle-ci. Elle seule coule du rocher, objet d'effroi pour les dieux. Celui des immortels, habitant la cime neigeuse de l'Olympe, qui a profané par un parjure la libation sacrée, perd pendant une année entière l'usage de ses sens ; il n'approche plus de ses lèvres ni le nectar ni l'ambroisie ; sans haleine et sans voix, il reste étendu sur sa couche et plongé dans un mortel accablement. Puis, quand ce mal a fini, après une longue année, il passe d'épreuves en épreuves toujours plus rudes. Il est neuf ans séparé des dieux, exclu neuf ans de leurs assemblées et de leurs festins, et ne rentre qu'au dixième dans la compagnie des immortels, des habitants de l'Olympe. Tel est le pouvoir attaché par les dieux à ce gage de leurs serments, à ces antiques et inépuisables eaux du Styx, qui roule à travers une âpre contrée.

Là commencent la terre obscure, le noir Tartare, la mer stérile, le ciel étincelant ; là se touchent les sources, les limites : région affreuse, désolée que détestent les dieux. On y voit des portes brillantes, un seuil d'airain, solide, inébranlable, attaché par de profondes racines, qui de lui-même a pris naissance. Devant, loin de tous les dieux, au delà du noir Chaos, habitent les Titans. Aux fondements même de l'Océan ont leurs demeures les illustres alliés de Zeus à la foudre retentissante, Cottos et Gyas. Pour Briarée, le dieu qui ébranle la terre, le bruyant Poséidon en a fait son gendre, à cause de son courage ; il lui a donné pour femme sa fille Cymopolée.

Lorsque Zeus eut chassé du ciel la race des Titans. un dernier enfant naquit de la vaste Terre, unie aux Tartares par la belle Vénus. C'était Typhée, dieu terrible, aux bras indomptables, aux infatigables pieds. Sur ses épaules se dressaient cent têtes de serpents, d'affreux dragons, dont les gueules effroyables dardaient toutes de noires langues. Le feu brillait dans ses yeux, au-dessous de ses sourcils. De chacune de ses têtes partaient des regards enflammés ; de chacune sortaient des voix confuses, un incroyable mélange des sons les plus divers. C'était tantôt le langage que comprennent les dieux, tantôt les rugissements d'un taureau indompté, les rugissements d'un lion farouche, les cris plaintifs de jeunes chiens. Quelquefois il poussait des sifflements dont retentissaient les hautes montagnes. Sans doute qu'en ce jour une inévitable révolution se fût accomplie, et que ce monstre eût régné sur les mortels et sur les immortels, sans l'active prévoyance du père des hommes et des dieux. Il fait gronder son tonnerre, et à ce bruit formidable répondent aussitôt la terre, le ciel, la mer, les flots de l'Océan, les profondeurs du Tartare. Sous les pieds immortels de Zeus tressaille le grand Olympe, tandis que se lève son roi ; la terre gémit ; la mer azurée s'échauffe tout entière aux feux dont s'arment les deux combattants, ceux de la foudre et des éclairs, ceux que vomit le monstre ; tout bouillonne, et la terre, et le ciel, et la mer ; sur ses rivages bondissent avec furie les flots soulevés par l'approche des deux divinités ; un long ébranlement agite la nature. Hadès lui-même frémit d'effroi au sein de l'empire des ombres ; les Titans tremblent au fond du Tartare, autour de Cronos, lorsqu'ils entendent l'horrible tumulte du combat. Zeus a rassemblé ses forces ; il a saisi ses armes, son tonnerre, ses éclairs, ses brillants carreaux ; il s'élance et frappe du haut de l'Olympe. Toutes les têtes du monstre s'embrasent ; lui-même il tombe sous les coups pressés du dieu, tout mutilé, et la Terre immense en gémit. Des torrents de flamme s'échappaient de ce corps consumé par la foudre et précipité par elle au fond d'une obscure et sauvage vallée ; tout autour, à la vapeur de l'incendie, s'échauffait et fondait la terre immense, comme coule l'étain dans le creuset du fondeur, comme s'amollit le fer, le plus dur des métaux, dompté par la main d'Héphæstos, sur ses fourneaux brûlants, au sein des montagnes d'une contrée divine. Ainsi fondait la Terre à l'ardeur de l'incendie. Pour Typhée, Zeus indigné le jeta dans le vaste Tartare.

C'est de Typhée que viennent les vents aux humides haleines, moins Notos, Borée, Argestès et Zéphyre. Ceux-ci sont de race divine ; ils servent aux mortels ; les autres soufflent au hasard sur la vaste mer, faisant sur les flots assombris, pour la perte des mortels, de furieuses tempêtes ; leurs souffles, qui se précipitent de tous les points de l'horizon, dispersent les vaisseaux, abiment les nautoniers ; malheur à quiconque se rencontre sur leur passage ! Ils parcourent aussi la terre immense et fleurie, détruisant les doux fruits du travail des humains, les enveloppant à grand bruit d'épais tourbillons de poussière.

Quand les dieux eurent accompli leur œuvre et conquis sur les Titans les honneurs du ciel, ils portèrent, par le conseil de Géa, au commandement, à l'empire des immortels, le maître de l'Olympe, Zeus, dont les regards embrassent tout ce qui existe. C'est lui qui fit entre eux le partage des divins honneurs.

Zeus, roi des dieux, prit d'abord pour épouse Métis (la Sagesse), qui savait plus de choses que tous les dieux et tous les humains. Mais comme elle allait mettre au jour la déesse aux yeux d'azur, Athéné, Zeus, trompant son cœur avec de douces paroles, l'enferma dans ses propres entrailles. C'était par le conseil de Géa et d'Ouranos ; ils le lui avaient conseillé, dans la crainte qu'à sa place quelque autre d'entre les dieux immortels ne s'emparât de l'empire ; car de Métis, ainsi l'avaient annoncé les destins, devaient sortir des enfants d'une intelligence profonde : d'abord cette fille aux yeux d'azur, cette Tritogénie, qui égala son père en force et en sagesse ; puis un fils au cœur magnanime, qui règnerait sur les dieux et sur les hommes. Prévenant ce danger, Zeus enferma dans ses entrailles sa jeune épouse, pour que, cachée en lui-même, elle lui révélât la connaissance du bien et du mal.

Sa seconde épouse fut la brillante Thémis ; il en eut les Heures, et ces déesses qui président aux bonnes lois, à la justice, à la paix, Eunomie, Dicé, Irène, et par qui s'embellissent les œuvres des mortels ; il en eut encore les Parques, honorées par le dieu très sage des plus glorieux attributs, Clotho, Lachésis, Atropos, chargées par lui de distribuer aux hommes les biens et les maux.

La fille de l'Océan, la ravissante Eurynome, lui donna ensuite les trois Grâces, charmantes divinités : c'est Aglaé, Euphrosyne ; c'est l'aimable Thalie ; de leurs paupières coulent avec leurs regards les douces langueurs de l'amour ; sous leurs sourcils s'échappent de leurs yeux de doux regards.

Reçu dans le lit de la nourricière Déméther, Zeus fit naître la belle Proserpine, ravie bientôt à sa mère par Aïdoneus, auquel l'accorda plus tard le sage Zeus.

Ensuite il aima Mnémosyne à la belle chevelure ; d'elle naquirent les neuf Muses, que couronne une bandelette dorée, et dont le cœur se plaît aux destins et aux chansons.

De son union avec le dieu qui tient en main la tempête, Latone eut Apollon et la chasseresse Artémis, couple charmant parmi tous les habitants du ciel.

Héra, la dernière, devint la brillante épouse de Zeus; Hébé, Arès, Ilithye, durent le jour à l'union de cette déesse avec le roi des dieux et des hommes.

Seul il fit sortir de sa tête la vierge aux yeux d'azur, Tritogénie, divinité auguste, terrible, indomptable, qui anime la guerre, qui guide les armées, que charment les cris et le tumulte du combat.

A son tour, entrant en lutte, dans sa colère, avec son époux, Héra, sans s'unir à lui, engendra l'illustre Héphæstos, le plus industrieux des habitants du ciel.

D'Amphitrite et de Poséidon, qui ébranle à grand bruit la terre, naquit le grand, le puissant Tithon. Au fond des eaux, près de sa mère, près de son glorieux père, habite dans un palais d'or ce redoutable dieu.

Arès, dont le glaive perce les boucliers, eut de la déesse de Cythère l'Épouvante et l'Effroi, divinités horribles, qui, dans l'affreuse mêlée, marchant aux côtés de leur père, le destructeur des villes, dissipent les épais bataillons; il eut encore d'elle Harmonie, que le magnanime Cadmus choisit pour épouse.

Reçue dans la couche sacrée de Zeus, la fille d'Atlas, Maïa, mit au jour l'illustre Hermès, le messager céleste. La fille de Cadmus, Sémélé, conçut de ses embrassements un illustre fils, Dionysos, qui produit la joie. Mère mortelle d'un immortel enfant, elle est maintenant comme lui parmi les dieux. Alcmène enfin, unie au souverain des nuages, enfanta le puissant Héraclès.

L'illustre boiteux, Héphæstos, prit pour sa brillante épouse Aglaé, la plus jeune des Grâces. Dionysos à la chevelure dorée épousa la blonde, la florissante Ariadne, la fille de Minos, que Zeus, en sa faveur, exempta de la vieillesse et de la mort. Le généreux fils de la belle Alcmène, Héraclès, quitte enfin de ses douloureuses épreuves, s'unit sur la cime neigeuse de l'Olympe à une pudique épouse, Hébé, fille du grand Zeus et d'Héra à la chaussure d'or; fortuné mortel qui, après avoir accompli sur la terre de grands travaux, habite éternellement parmi les dieux, sans connaître jamais ni la douleur ni la vieillesse.

L'infatigable dieu du jour, Hélios, eut d'une illustre Océanide, de Perséis, et Circé et le roi Æétès. Cet Æétès, ce fils du Soleil qui éclaire les humains, s'unit par la volonté des dieux à une autre fille de l'Océan, le fleuve sans fin, à la fraîche Idye. Vaincue par l'amour, subissant le joug doré de Vénus, la nymphe devint mère de Médée aux pieds charmants.

Adieu maintenant, ô vous qui occupez les célestes palais, qui régnez sur les îles, sur les continents, sur cette onde amère qu'ils enferment! C'est la race des déesses que vous devez chanter désormais, Muses au doux langage, habitantes de l'Olympe, filles du maître des tempêtes. Dites quelles furent, parmi les immortelles, celles qui, s'alliant à des mortels, en eurent des fils semblables aux dieux.

Déméter, cette déesse auguste, donna le jour à Plutus. Il naquit d'un héros, d'Iasos, dont elle reçut les embrassements dans un sillon fraîchement creusé, au sein de la fertile Crète; Plutus, dieu bienfaisant, qui parcourut la terre et la vaste mer, distribuant à ceux qu'il rencontre et qui peuvent s'arrêter, les richesses et le bonheur.

Harmonie, fille d'Aphrodite, donna à Cadmus Ino et Sémélé, puis Agavé, puis Autonoé, qu'Aristée à l'épaisse chevelure eut pour épouse, puis enfin Polydore; ils naquirent dans les remparts dont Thèbes se couronne.

Unie par l'amour au magnanime Chrysaor, Callirhoé, fille de l'Océan, enfanta le plus robuste des mortels, ce Géryon que tua Héraclès dans l'île d'Érythie, pour lui ravir ses bœufs au pied flexible.

L'Aurore eut de Tithon Memmon au casque d'or, roi des Éthiopiens, et un autre roi, Hémation. Céphale la rendit mère d'un illustre fils, du vaillant Phaéton, mortel semblable aux dieux. Dans ses jeunes années, lorsque la fleur délicate de l'adolescence brillait sur son visage, que les douces pensées de cet âge occupaient son cœur, la riante Aphrodite le ravit, l'attacha à son culte, et le chargea, génie divin, du service nocturne de ses temples.

Le fils d'Éson, par la volonté des dieux, enleva du palais de son père la fille du roi Æétès, nourrisson de Zeus. Ce fut après avoir accompli les pénibles et si nombreux travaux que lui avaient imposés un roi orgueilleux, l'injuste, le violent Pélias, cet artisan de crimes. Sorti de ces épreuves, après mille dangers et mille maux, il revint à Iolcos, emmenant sur sa nef rapide la jeune fille aux doux regards, dont il fit son épouse. Cédant à l'amour de Jason, pasteur des peuples, Médée le rendit père de Médéos, que nourrit dans les montagnes Chiron, fils de Philyre. Ainsi l'avaient voulu les conseils du grand Zeus.

Parmi les nymphes de la mer, filles du vieux Nérée,

Psamathée, l'une des plus illustres, obtint de l'amour d'Éaque, grâce aux bienfaits d'Aphrodite, un fils nommé Phocos. Unie à Pélée, Thétis aux pieds d'argent fut mère d'Achille, au bras meurtrier, au cœur de lion.

Énée naquit de Cythérée à la brillante couronne, que mit l'Amour entre les bras d'Anchise, sur la cime de l'Ida, dans ses forêts profondes.

Circé, fille d'Hélios, petite-fille d'Hypérion, eut du patient Ulysse Agrios et le vertueux, le vaillant Latinus; enfin, grâce aux bienfaits d'Aphrodite, Télégonos, qui tous bien loin, dans les îles sacrées, régnèrent sur l'illustre nation des Tyrrhéniens. La divine Calypso eut du même Ulysse deux fils, Nausithoos et Nausinoos.

Telles furent, parmi les immortelles, celles qui, s'alliant aux mortels, en eurent des fils semblables aux dieux. Chantez maintenant la race des femmes de la terre, Muses au doux langage, habitantes de l'Olympe, filles du maître des tempêtes,

# LE BOUCLIER D'HERCULE

## POÈME D'HÉSIODE

TRADUIT PAR M. PATIN

de l'Académie française [1]

---

... Telle encore, quittant la maison de son père, la terre de sa patrie, suivit à Thèbes Amphitryon, ce valeureux guerrier, Alcmène, cette fille du belliqueux roi Electrion. Elle surpassait tout son sexe par la beauté de son visage et la majesté de sa taille ; pour la prudence, nulle ne lui en eût disputé le prix, de toutes les filles que de mortelles compagnes ont données à des mortels ; de sa tête, de ses noires paupières, rayonnait un charme semblable à celui de la belle Aphrodite ; et toutefois, au fond de son cœur, elle honorait son époux plus que jamais n'honora le sien aucune femme. Il lui avait ravi son généreux père, frappé par lui dans un mouvement de colère, pour des troupeaux ; et, forcé de fuir sa terre natale, il était venu à Thèbes

---

[1] La *Théogonie* intéressant particulièrement la science mythologique, le traducteur avait jugé indispensable de conserver scrupuleusement aux noms des dieux et des héros leur forme grecque. Il ne lui a pas paru qu'il y eût une égale nécessité de le faire, contrairement à l'usage reçu, en traduisant les autres poèmes d'Hésiode, d'un intérêt seulement épique et didactique.

en suppliant, implorer la pitié des descendants de Cadmus, qui portent le bouclier. Il y trouva un asile et y habitait avec sa noble épouse, mais sans jouir encore de son doux commerce ; il ne devait point être reçu dans la couche de la charmante fille d'Électryon qu'il n'eût vengé le trépas de ses frères magnanimes, et porté la flamme dans les bourgades des héros Taphiens et Téléboens. C'était là sa promesse, dont les dieux avaient été témoins. Craignant donc leur courroux, il s'empressa de mettre à fin la grande œuvre que lui imposait un devoir sacré. Avec lui marchaient, avides de guerre et de combats, les Béotiens, guidant des chars rapides et montrant au-dessus de leurs boucliers un visage qui respirait une fureur belliqueuse, les Locriens, ardents à combattre de près, les Phocéens au grand cœur. A la tête de ces peuplades marchait, fier de les commander, le brave fils d'Alcée. Cependant le père des dieux et des hommes tramait en son esprit le dessein de se donner un fils, et aux immortels comme aux humains un protecteur puissant. Il quitte donc l'Olympe pendant la nuit, cherchant en lui-même par quelle ruse il s'assurera la possession de la beauté qu'il désire. Bientôt il est sur le Typhaonius, d'où il s'élance au sommet du Phicius, et là il se repose, pensant à son œuvre divine. La même nuit, le vaillant, l'illustre héros Amphitryon, ayant achevé son entreprise, fut de retour, et, sans prendre le temps de visiter ses serviteurs et ses bergers, entra d'abord au lit de son épouse, tant était vif le désir qui pressait ce pasteur des peuples. Comme un homme joyeux d'échapper aux longs ennuis d'une maladie cruelle, aux chaînes d'un dur esclavage, Amphitryon, quitte enfin de sa pénible tâche, rentrait dans sa maison avec joie et bonheur. Toute la nuit il reposa près de son épouse, et jouit avec elle des dons de la belle Aphrodite. De ce double commerce avec un dieu et l'un des premiers parmi les mortels, Alcmène devint mère dans Thèbes, dans la ville aux sept portes, de deux fils bien peu semblables entre eux quoique frères, de natures bien inégales : du fort, du redoutable Hercule, engendré par Jupiter qui assemble les nuages, d'Iphiclée, issu du belliqueux Amphitryon, postérité diverse, comme devaient être le rejeton d'un homme, d'un mortel, et celui du fils de Saturne, qui commande à tous les dieux.

Ce héros, après bien d'autres exploits, tua encore Cycnus, fils de Mars, au cœur magnanime. Il le rencontra dans le bois sacré d'Apollon, du dieu qui lance au loin ses traits, son belliqueux père près de lui, tous deux brillants sous leurs armes de l'éclat de la flamme et montés sur le même char. Leurs coursiers frappaient à pas précipités la terre ; du pied de leurs coursiers comme des roues de leur char s'élevait autour d'eux une poussière épaisse ; leur char roulait à grand bruit emporté par leurs coursiers ; ils volaient, et Cycnus se réjouissait, dans l'espoir d'immoler de son glaive d'airain le vaillant fils de Jupiter, avec son écuyer, et de les dépouiller l'un et l'autre de leurs magnifiques armes. Mais ses vœux ne furent point entendus de Phébus Apollon, qui anima contre lui le courage d'Hercule. Tout le bois, l'autel même d'Apollon, du maître de Pégase, était comme éclairé par les armes de Mars, par sa splendeur divine, par le feu qui luisait dans ses yeux. Qui eût osé, simple mortel, s'avancer contre lui, hormis Hercule et l'illustre Iolas ? Mais grande était la force d'Hercule, invincibles étaient les bras qui descendaient de ses épaules sur son corps vigoureux.

Hercule s'adresse en ces mots au conducteur de son char, à Iolas :

« Noble héros, Iolas, toi que je chéris le plus de tous les mortels, sans doute Amphitryon s'était rendu gravement coupable envers les bienheureux habitants de l'Olympe, lorsque, pour des bœufs au large front, meurtrier d'Électryon, il lui fallut quitter la forte ville de Tirynthe et chercher un asile dans les remparts dont Thèbes se couronne. Il vint près de Créon et d'Hénioché au long voile, qui l'accueillirent, lui prodiguèrent tout ce que l'on doit aux suppliants, s'attachèrent à lui du fond du cœur. Près d'eux, il vécut dans la splendeur avec la charmante fille d'Électryon, son épouse ; et bientôt, les temps étaient accomplis, nous vîmes le jour, ton père et moi, divers d'esprit comme de corps. Pour lui, Jupiter égara ses pensées ; il abandonna sa maison, ses parents, pour aller servir le criminel Eurysthée, malheureux qui plus tard eut à gémir sur sa faute, mais en vain : elle est irréparable. Quant à moi, le destin m'a imposé de durs travaux. O mon ami ! hâte-toi de saisir les rênes brillantes, le cœur plein de confiance, et pousse en avant le char rapide et les agiles coursiers, sans t'inquiéter du vain bruit de l'homicide Mars, qui maintenant trouble de ses cris furieux le bois sacré de Phébus Apollon, du dieu aux traits inévitables. S'il est redoutable dans les combats, bientôt, crois-moi, je l'en aurai rassasié. »

Le noble Iolas lui répond :

« Ami révéré, il faut que ta tête soit bien chère au père des dieux et des hommes, à Neptune qui règne sur les murs de Thèbes et les protège, puisqu'ils amènent entre tes mains, pour te combler de gloire, un mortel si grand et si fort. Allons, revêts tes armes ; poussons au plus vite notre char contre le char de Mars, et que la lutte s'engage ! Car ce dieu ne fera point trembler le fils de Jupiter ni le fils d'Iphiclée. Il fuira bien plutôt devant les rejetons d'Alcée, déjà près de lui, brûlants de commencer le combat, qui leur plaît mieux qu'un festin. »

Il dit. Hercule sourit, car ces paroles plaisent à son cœur. « Iolas, reprend-il, nourrisson de Jupiter, nous ne sommes pas loin de la rude épreuve. Toi, qui toujours t'es montré brave, voici le moment de guider encore où il sera besoin notre grand Arion à la noire crinière, et de me prêter assistance selon tes forces. »

Ayant ainsi parlé, il enferme ses jambes dans des bottines d'un métal brillant, magnifique don de Vulcain ; sa poitrine, dans une cuirasse d'or habilement travaillée, que lui donna la fille de Jupiter, Pallas, lorsqu'il dut pour la première fois s'élancer aux tristes combats. Il suspend à ses épaules, guerrier redoutable, le fer protecteur. Il rejette sur son dos, loin de sa poitrine que presse la courroie, un carquois profond, tout rempli de flèches terribles qui portent le muet trépas avec elles. Leur pointe homicide est humectée de larmes : longues, effilées, polies au milieu, elles sont revêtues à leur autre extrémité des plumes d'un aigle noir. Le héros saisit ensuite une forte lance armée d'airain, et se couvre d'un casque du fer le plus dur, ciselé avec art, qui s'ajuste à ses tempes et doit garantir sa tête divine.

Enfin, il prend ce bouclier éclatant, impénétrable, qu'aucun trait n'eût percé, n'eût rompu, arme merveilleuse à voir. Partout à sa surface brillait le gypse, l'ivoire, l'ambre, et resplendissait l'or; de longues lames d'un acier azuré en formaient l'épaisseur. Au milieu était l'effrayante, l'ineffable image d'un dragon, jetant en arrière des regards enflammés, et la gueule toute remplie de dents blanches, cruelles, menaçantes. Au-dessus de son front terrible volait la Discorde, soufflant le feu de la guerre, affreuse divinité dont l'aspect ôtait le sens et le courage aux mortels assez audacieux pour oser se mesurer avec le fils de Jupiter : aussi leurs âmes sont-elles descendues dans la demeure souterraine de Pluton, tandis que leurs os, dépouillés, desséchés par les rayons dévorants du soleil, se consument sur la terre. Là encore étaient représentées et l'Attaque et la Défense, une mutuelle poursuite; là s'échauffaient la Mêlée et le Carnage; là s'emportaient la Fureur et le Tumulte; l'implacable Parque y saisissait à la fois trois mortels, l'un récemment blessé, l'autre encore sans blessure, un troisième déjà mort et qu'elle traînait par les pieds à travers le combat, monstre au manteau rougi de sang humain, aux regards farouches, aux cris furieux.

Il y avait douze têtes de serpents, dont l'horreur ne se peut rendre, et qui épouvantaient ceux des mortels assez audacieux pour oser se mesurer avec le fils de Jupiter. Leurs dents s'entre-choquaient à grand bruit quand le héros combattait. Ces figures merveilleuses étaient comme enflammées. On distinguait des taches sur le corps des terribles dragons; leur dos était azuré, noire était leur gueule.

Il y avait des troupes de sangliers et de lions se mesurant du regard, furieux, animés d'une ardeur belliqueuse; ils s'avançaient comme par bataillons;

nulle des deux troupes ne semblait craindre; c'étaient partout des cols hérissés; déjà étaient tombés ici un grand lion et auprès deux sangliers, tous privés de vie, leur sang noir dégouttant sur la terre, mais les derniers, couchés la tête pendante sous les ongles de leurs terribles ennemis; cependant ils n'en paraissaient, et sangliers sauvages et farouches lions, que plus animés, plus ardents à combattre.

Il y avait le combat des Lapithes belliqueux, et Cénée leur roi, et Dryas, et Pirithoüs, et Hopleus, et Exodius, et Phalérus, et Prolochus, Mopsus, fils d'Ampyx, né sur les bords du Titarès, élève de Mars, Thésée, fils d'Égée, semblable aux immortels, tous en argent, le corps revêtu d'armes d'or. Contre eux se rassemblaient en foule les Centaures, le grand Pétræus, l'augure Asbolus, et Arctus, et Urius, et Mimas aux cheveux noirs, et les deux fils de Peucée, Périmède et Dryalus, tous de même en argent, les mains armées de massues d'or. Les uns et les autres semblaient s'élancer, comme s'ils eussent été vivants, et combattre de près avec la lance et la massue.

Là aussi se voyaient, en or, les chevaux rapides du terrible dieu de la guerre; là se voyait Mars lui-même, le ravisseur, l'homicide Mars, la lance à la main, animant de la voix une troupe guerrière, semblant déjà se baigner dans le sang, emporter les dépouilles des vaincus, debout sur son char, et près de lui la Terreur et l'Effroi, ardents à se jeter à sa suite au milieu du combat. Là était la belliqueuse fille de Jupiter, Tritogénie. On eût cru la voir elle-même, empressée de prendre part à l'action, une lance à la main, un casque d'or sur la tête, l'égide attachée à ses épaules, se précipiter dans l'affreuse mêlée.

C'était encore le chœur sacré des immortels, et au milieu, touchant harmonieusement sa lyre d'or, le fils de Jupiter et de Latone. C'était l'Olympe, sainte demeure des dieux, avec leur resplendissante assemblée; c'étaient les Muses qui chantaient, et dont on eût cru entendre les doux accents.

On y voyait représenté, en étain de la veine la plus pure, un port d'un facile accès, qui s'arrondissait sur les bords de la vaste mer, et que semblaient emplir ses flots. Des troupes de dauphins y couraient çà et là, cherchant leur proie et semblant nager. Deux d'entre eux, tout brillants d'argent, poursuivaient en soufflant les muets poissons. Au-dessous s'agitaient ceux-ci, figurés en airain, tandis que sur le rivage se tenait un pêcheur dans l'attente, son filet à la main, prêt à le jeter.

On y voyait le fils de Danaé à la belle chevelure, le cavalier céleste, Persée. Ses pieds ne touchaient point au bouclier ; il en était tout proche, sans s'y appuyer, effort d'un art merveilleux! Ainsi l'avait fait l'illustre Vulcain, tout en or. A ses talons étaient ses brodequins ailés; de ses épaules pendait à un noir baudrier son épée d'airain; il volait rapide comme la pensée. Son dos disparaissait tout entier sous la tête d'un être monstrueux, de la Gorgone, dépouille hideuse, qu'il portait enfermée dans un réseau du plus beau travail, à mailles d'argent, à franges d'or. Sur le front du héros était le sinistre casque de Pluton et ses épaisses ténèbres. Tremblant et fugitif, il se hâtait, car à sa suite se précipitaient les redoutables, les horribles Gorgones, impatientes de le saisir. Sous leurs pieds le pâle acier du bouclier semblait résonner d'un son aigu et plaintif. A leur ceinture pendaient deux serpents, dressant la tête, dardant la langue, aiguisant des dents furieuses et lançant d'affreux regards.

Au-dessus des Gorgones se mouvait une vaste scène de terreur. C'étaient des hommes qui combattaient en ennemis, les armes à la main, les uns pour protéger leur ville avec leurs parents, les autres dans l'ardent désir de la saccager. Beaucoup étaient tombés; un plus grand nombre luttaient encore. Les femmes, au haut des tours, représentées en airain, poussaient des cris, se déchiraient les joues, figures vivantes, prodige de Vulcain. Les vieillards, parvenus au terme de la vie, se pressaient hors des portes, les mains élevées vers les dieux et les implorant pour le salut de leurs fils. Ceux-ci cependant s'acharnaient au combat, et derrière eux de sombres divinités (les Kères), dont les dents blanches s'entre-choquaient à grand bruit, dont les yeux brillaient de fureur, terribles, sanglantes, inabordables, se disputaient les guerriers tombant sur la poussière. Toutes voulaient s'abreuver du sang noir, et, quelle que fût la proie qui d'abord tombât entre leurs mains, un mort ou un blessé, elles enfonçaient dans ses chairs leurs ongles énormes. L'âme descendait chez Pluton, dans le froid Tartare. Pour le corps, lorsqu'elles s'étaient rassasiées de son sang, elles le rejettaient derrière elles et s'enfonçaient de nouveau dans la mêlée et le carnage. Près d'elles se tenaient Clotho, Lachésis, et, ne leur cédant point, Atropos, la puissante divinité, la première entre ses sœurs par le rang comme par l'âge. Toutes trois se livraient pour la dépouille d'un seul mortel un furieux combat; elles se lançaient des regards menaçants, s'attaquaient avec colère et des mains et des ongles.

Non loin se voyait la misérable, la désolante image de la Tristesse, pâle, maigre, consumée par la faim, les genoux gonflés, de longs ongles dépassant ses mains ; une affreuse humeur coulait de ses narines ; le sang dégouttait de ses joues sur la terre ; elle était là, à l'écart, farouche, grinçant des dents, les épaules couvertes de poussière, tout humide de larmes.

Près de là s'élevait une ville, flanquée de grosses tours, et que fermaient, s'ajustant à leurs linteaux, sept portes d'or. Les habitants s'y livraient joyeusement aux jeux et à la danse. On y voyait sur un char une jeune vierge que sa famille menait à son époux, tandis qu'à l'entour s'élevait le chant d'hyménée, et que brûlaient d'éclatants flambeaux dans la main des esclaves : en avant marchaient des femmes, dans la fleur de la beauté, et derrière des troupes d'hommes dansant : les premières, qu'accompagnait la flûte sonore, faisaient sortir de leur bouche délicate un chant dont résonnait l'écho ; les autres formaient, aux accords de la lyre, d'aimables chœurs. Plus loin, quittant la table du festin, de jeunes convives se mettaient en marche au son de la flûte, les uns se livrant au plaisir du chant et de la danse, les autres folâtrant ensemble ; ce n'étaient que groupes joyeux sous la conduite de joueurs de flûte, et par toute la ville fêtes, chœurs et jeux. Hors des murs, on voyait des cavaliers courir, des laboureurs fendre le sein de la terre, leur tunique retroussée. Il y avait là un vaste champ, tout couvert de moissons : on coupait avec le tranchant de la faucille les blés murs, qui pliaient sous le poids des épis, riche présent de Cérès ; on les liait en javelles ; on aplanissait l'aire. Ailleurs, c'étaient des vendangeurs, armés de la serpe et récoltant les raisins ; d'autres qui emportaient des charges de grappes blanches et noires, recueillies dans une grande vigne, aux pampres épais, aux vrilles brillantes, ciselées en argent : un certain nombre était occupé à remplir les corbeilles, et près d'eux s'alignaient des ceps en or, œuvre admirable de l'industrieux Vulcain, que soutenaient des échalas d'argent, où s'agitait un feuillage du même métal, desquels pendaient d'énormes grappes de raisin noir : il y en avait qui foulaient la vendange ; il y en avait qui remplissaient les outres. Quelques-uns s'exerçaient au pugilat et à la lutte. Des chasseurs poursuivaient le lièvre agile, menant devant eux deux chiens, aux dents acérées, empressés d'atteindre leur proie comme celle-ci de les fuir. Des écuyers se disputaient avec ardeur le prix de la course. Des conducteurs de chars poussaient leurs chevaux rapides et rendaient les rênes. Les chars semblaient bondir et voler ; on eût cru entendre le bruit des roues. Pour ces rivaux point de relâche, car il s'agissait d'une victoire difficile et jusqu'à la fin incertaine. Un prix éclatant leur était proposé et frappait les yeux dans la lice même : c'était un trépied d'or, ouvrage de l'industrieux Vulcain.

Autour du bouclier, et embrassant tous ces tableaux divers, coulait à pleins bords l'Océan. On y voyait des cygnes, au vol élevé, poussant de grands cris et nageant en troupes à la surface des eaux. Près d'eux se jouaient des poissons d'un travail merveilleux, même aux yeux du maître de la foudre, par les ordres duquel Vulcain avait fabriqué de ses mains ce grand et solide bouclier. Le fils de Jupiter le maniait avec aisance : il le prend et s'élance sur son char, pareil, dans sa légère démarche, aux éclairs que fait briller son père, le dieu armé de l'égide. Près de lui se tient le redoutable Iolas, guidant les coursiers. Tout à coup Minerve aux yeux d'azur se présente devant eux et anime leur confiance par ces paroles :

« Salut, rejetons de l'illustre Lyncée ! Aujourd'hui Jupiter, qui règne sur les bienheureux habitants de l'Olympe, vous accorde le pouvoir d'immoler Cycnus et de ravir sa magnifique armure. Mais, ô le premier des mortels, écoute ce que j'ai à te prescrire. Quand tu auras privé Cycnus de la douce existence, laisse-le, avec ses armes, au lieu où il sera tombé, et attentif à l'attaque de l'homicide Mars, qui marchera contre toi, observe bien la place que laissera découverte son riche bouclier, pour y diriger la pointe de ton glaive. Ensuite tu te retireras ; car il ne t'est point donné de lui enlever en ce jour ni ses coursiers ni ses armes. »

A ces mots, la grande, la noble déesse s'élance rapidement auprès d'eux, portant dans ses mains immortelles la victoire et la gloire. Le noble Iolas frappe d'un bruyant signal l'oreille des coursiers, qui emportent le char rapide et font voler la poussière. La déesse aux yeux d'azur les anime en agitant l'égide, et sur leur passage la terre gémit. Cependant s'avançaient aussi, semblables à la flamme ou à la tempête, et Cycnus, l'habile dompteur de coursiers, et Mars, ce dieu insatiable de guerre. Les chevaux des combattants sont en présence et poussent des hennissements aigus, qui ébranlent l'écho. Le premier, Hercule s'adresse en ces mots à son ennemi :

« Cher Cycnus, qui vous porte tous deux à pousser vos rapides coursiers contre nous, hommes de cœur, faits à la fatigue et à la peine ? Détourne ton char ; fais-moi place : car je vais à Trochine, chez Céyx, roi de cette contrée, aussi respecté que puissant, tu le sais mieux que personne, toi, l'époux de sa fille, la belle Thémistoné aux yeux noirs. Mon ami, Mars ne te te sauvera pas de la mort qui t'attend si nous en venons aux mains. Lui-même, sache-le, a déjà fait l'épreuve de ma lance, lorsque, près de la sablonneuse Pylos, il se mesura contre moi, dans son insatiable rage de combats. Trois fois, frappé sur son bouclier, il chancela et dut s'appuyer sur la terre. A la quatrième, rassemblant mes forces, je lui fis à la cuisse une profonde blessure, et du choc de ma lance il alla tomber dans la poussière, sans gloire désormais parmi les immortels et livrant à mes mains ses dépouilles sanglantes. »

Il dit, mais il n'obtient point du belliqueux Cycnus qu'il se détourne de sa route. Alors s'élancent à la fois, de leur char, et le fils de Jupiter et le fils de Mars. Près du lieu où ils doivent combattre se rangent, conduits par les deux écuyers, leurs coursiers à la belle crinière. Les pas des deux héros, qui se précipitent, ébranlent au loin la terre. Lorsque des derniers sommets d'une haute montagne tombent des rochers qui bondissent et s'entre-choquent, chênes altiers, pins et peupliers aux profondes racines, sont partout brisés sur leur passage, tandis qu'ils roulent avec impétuosité jusque dans la plaine. Ainsi se ruaient l'un contre l'autre Hercule et Cycnus, poussant de grands cris. La ville des Myrmidons tout entière, l'illustre Iolcos, Arné, Hélicé, Anthée aux gras pâturages, étaient remplies du bruit de leur voix et des étranges accents avec lesquels ils s'abordaient. Cependant Jupiter fait gronder son tonnerre et répand du haut du ciel une pluie de sang, présage de victoire qui doit accroître la confiance de son fils.

Comme on voit quelquefois, dans une profonde vallée, un sanglier, au farouche aspect, aux dents menaçantes, marcher à la rencontre des chasseurs, aiguisant contre terre ses blanches défenses, baignant d'écume ses mâchoires frémissantes, les yeux brillant comme la flamme, l'échine et le col hérissés; tel paraissait le fils de Jupiter quand il sauta de son char. C'était le temps où la cigale aux noires ailes, à la voix harmonieuse cachée dans le feuillage, annonce aux hommes le retour de l'été, et abreuvée, nourrie de la féconde rosée, se répand tout le jour et dès l'aurore en chants inépuisables, durant les plus fortes chaleurs de la dévorante canicule; c'était le temps où pousse les barbes de ses épis le millet récemment semé, où se colore le raisin, doux et dangereux présent que Bacchus a fait aux hommes. Alors combattaient Hercule et Cycnus, et autour d'eux un grand bruit s'élevait. Comme deux lions, qui, se disputant le corps d'un cerf et s'élançant pleins de rage l'un sur l'autre, font entendre d'affreux rugissements, de terribles grincements de dents; ou comme des vautours aux ongles recourbés, au bec retors, qui, sur la pointe d'un roc, se font à grands cris la guerre pour la grasse dépouille de quelque chèvre de montagne, de quelque biche sauvage; un jeune chasseur l'a fait tomber d'un trait parti de son arc, mais il n'a pu la retrouver dans des lieux qu'il ignore, tandis que ces oiseaux ont bien vite senti la proie et, rassemblés autour d'elle, se livrent un furieux combat: ainsi, poussant de fortes clameurs, se cherchaient les deux héros. Cependant Cycnus, impatient d'immoler le fils du puissant Jupiter, lance son javelot dont l'airain rencontre sans le rompre l'airain du bouclier céleste. Préservé par ce don d'une divinité, l'héritier d'Amphitryon, Hercule, lance à son tour, avec force, un long javelot contre son adversaire, entre le casque et le bouclier, au-dessous du menton, à l'endroit où le col reste à découvert. Les deux tendons sont tranchés par le trait homicide, car il est parti d'une puissante main. Cycnus tombe, comme tombent un chêne ou un roc élevé, frappés par la foudre fumante de Jupiter. Telle est sa chute et sur son corps retentissent ses armes d'airain.

Mais déjà s'en éloigne le fils de Jupiter, au cœur éprouvé par l'infortune. Attentif à l'attaque de Mars, le fléau des morts, il court le recevoir la fureur dans les yeux : comme un lion qui, tombant sur sa proie, s'applique à la déchirer de ses ongles puissants et lui a bientôt ravi la douce existence, son cœur au sang noir est plein de courroux ; l'azur de sa prunelle brille d'un éclat terrible ; de sa queue il se bat les flancs et les épaules ; de ses pieds il creuse la terre ; nul n'oserait soutenir son regard, ni s'en approcher pour le combattre. Tel l'héritier d'Amphitryon, insatiable de combats, courait à la rencontre de Mars, animé d'une belliqueuse confiance ; le dieu s'avançait de son côté, l'âme pleine de tristesse, et tous deux se joignirent avec de grands cris. Si d'un sommet élevé vient à tomber une roche, elle roule et bondit au loin avec un grand fracas, jusqu'à ce que sur son passage se rencontre une haute colline qu'elle va frapper et qui l'arrête. Ainsi pesant sur son char, marchait à grand bruit, avec des cris retentissants, le redoutable Mars : ainsi Hercule soutint le choc.

Cependant se présente, devant le dieu de la guerre, la fille de Jupiter, Minerve, portant la sombre égide de son père : elle le regarde d'un œil farouche et lui adresse ces paroles :

« Retiens, ô Mars, ton ardeur guerrière et tes mains invincibles. Il ne t'est point permis d'immoler, de dépouiller de ses armes le vaillant fils de Jupiter. Va donc, quitte le combat, et ne me résiste point. »

Elle dit, mais ne peut persuader le cœur magnanime de Mars. Il pousse un grand cri, brandit ses armes semblables à la flamme, et court vers Hercule pour le tuer. Brûlant de venger la mort de son fils, il dirige son javelot, armé d'airain, contre l'immense bouclier, mais, se penchant hors du char, la déesse aux yeux d'azur détourne le trait. Une douleur violente saisit le cœur de Mars, il tire son glaive acéré et se précipite sur Hercule. En ce moment, le brave héritier d'Amphitryon l'atteint à la cuisse, au défaut du bouclier, d'un coup violent de sa lance, et blessé profondément le renverse sur la terre. Alors la Terreur et l'Effroi le relèvent, le placent sur son char qu'ils ont fait approcher, puis, touchant les coursiers, le transportent sur le haut Olympe. Le fils d'Alcmène et l'illustre Iolas, enlevant des épaules de Cycnus les belles armes qui les couvraient, et quittant ce lieu, se rendent rapidement à la ville de Trachine. Pour Minerve, elle retourne sur l'Olympe, dans la demeure de son père.

Cycnus fut enseveli par Céyx et par le peuple nombreux qui habitait près de la ville de cet illustre roi, par ceux d'Anthée, de la ville des Myrmidons, de l'illustre Iolcos, d'Arné, d'Hélicé. Il y eut grand concours aux funérailles, par honneur pour Céyx, cher aux dieux immortels. Mais l'Anaure effaça le tombeau et le monument, les couvrant pendant l'hiver de ses eaux débordées. Ainsi le voulut le fils de Latone, Apollon, parce que Cycnus avait souvent surpris et pillé ceux qui conduisaient à Delphes de riches hécatombes.

# LES TRAVAUX ET LES JOURS

## POÈME D'HÉSIODE

TRADUIT PAR M. PATIN

de l'Académie française

———

Venez de la Piérie, Muses qui dispensez la louange; venez, célébrez dans vos chants Jupiter, qui vous donna le jour. Par lui, par la volonté de Jupiter, sont tous les mortels, grands et petits, célèbres et ignorés. A son gré donne la force ou la retire, ternit la gloire ou tire de l'obscurité, redresse les voies tortueuses du méchant, met en poudre le superbe, Jupiter, qui tonne au haut des cieux, qui habite les régions supérieures. Or toi, écoute, ouvre tes yeux et tes oreilles, et rends tes sentences selon la justice ; moi, je vais te faire entendre, ô Persès, les conseils de la vérité.

Il est plus d'une sorte de rivalité : on en voit deux ici-bas ; l'une, que veut approuver le sage, l'autre qu'il doit condamner ; elles ont en effet des caractères tout opposés. Celle-ci entretient parmi nous la discorde, la triste guerre, rivalité cruelle, que n'aime aucun des mortels, mais à laquelle (sous le nom d'Éris) la nécessité et la volonté des dieux les forcent de rendre hommage, tout importune qu'elle est. Celle-là naquit la première, engendrée par la Nuit obscure ; le fils de Saturne, le dieu suprême, qui siège dans l'Éther, la plaça aux racines de la terre en même temps que parmi les hommes : elle est de beaucoup meilleure que l'autre ; elle éveille, elle excite au travail l'homme le plus indolent. S'il en voit un autre s'enrichir, il sort de son oisiveté et s'empresse à son tour de labourer, de planter, de régler, de faire prospérer sa maison ; le voisin stimule le voisin par son ardeur à gagner : cette rivalité (cette Éris) est bonne pour les mortels.

Le potier aussi porte envie au potier, l'artisan à l'artisan, le mendiant au mendiant, le chanteur au chanteur.

O Persès, conserve au fond de ton cœur mes leçons! Que cette méchante rivalité (cette Éris), qui met sa joie dans le mal ne te détourne pas du travail et ne t'entraîne pas sur la place publique pour y prêter avidement l'oreille aux débats des Tribunaux. Il a peu de temps à donner aux procès, celui qui n'a pas su amasser des provisions pour son année, et recueillir, dans la saison, ces fruits que porte la terre et que donne Cérès.

Quand tu en seras rassasié, alors, si tu le veux, inquiète par d'injustes attaques les possessions d'autrui. Mais il ne te sera pas donné de le faire une seconde fois. Allons, accordons-nous d'après ces lois équitables qui viennent de Jupiter. Car déjà, quand nous avons partagé notre héritage, tu courtisais ces rois mangeurs de présents, qui sont prêts encore à juger notre querelle.

Ils ne savent pas, les insensés, combien la moitié est préférable au tout, et ce qu'il y a de richesse dans la mauve et l'asphodèle.

Les dieux ont caché aux hommes les ressources de

la vie. Autrement tu aurais pu amasser en un seul jour de quoi te nourrir une année entière, même sans travail ; tu aurais suspendu le gouvernail à la fumée du foyer, et l'on eût vu cesser les travaux des bœufs et des mulets laborieux. Mais Jupiter nous cacha ces ressources, irrité d'avoir été surpris par les ruses de Prométhée. C'est pour cela qu'il prépara aux hommes de si funestes fléaux.

Il leur cacha le feu ; mais le fils de Japet le déroba pour l'usage des mortels, l'enfermant dans la tige d'une férule et trompant ainsi de nouveau le dieu prudent qui lance la foudre. Alors, indigné, Jupiter, le dieu assembleur de nuage, lui dit :

« Fils de Japet, le plus rusé des dieux, tu t'applaudis d'avoir dérobé le feu et trompé mes conseils. Mais ce larcin te sera funeste, à toi et à la race future des mortels. Qu'ils jouissent du feu ; en retour, je leur enverrai un don fatal dont le charme séduira tous les cœurs, épris de leur propre fléau. »

Ainsi dit le père des dieux et des hommes et il sourit. Cependant il ordonne à l'illustre Vulcain de former au plus vite un mélange de terre et d'eau, de lui donner la voix humaine, la force du corps, la figure des déesses immortelles, les grâces d'une vierge. Il veut que Minerve l'exerce aux ouvrages des mains, lui enseigne à former de précieux tissus ; que la belle Vénus répande autour de sa tête la grâce, le désir inquiet, les soucis rongeurs ; que le dieu messager, vainqueur d'Argus, lui donne un esprit impudent et trompeur.

Telle est la volonté du fils de Saturne et les dieux s'empressent d'obéir. Aussitôt, après l'ordre son père, l'illustre Vulcain forme avec de l'argile l'image d'une vierge pudique ; Minerve aux yeux d'azur lui attache sa ceinture et la couvre de riches vêtements ; les Grâces et la déesse de la persuasion lui passent un collier d'or ; les Heures à la belle chevelure la couronnent des fleurs du printemps ; le dieu messager, vainqueur d'Argus, place dans son cœur selon l'ordre de Jupiter, du dieu de la foudre, les doux mensonges, les paroles décevantes, les ruses perfides ; puis il lui donne un nom et l'appelle Pandore, parce que chacun des immortels habitants de l'Olympe avait fait un présent à cet objet fatal, préparé pour la perte des mortels industrieux.

Quand Jupiter a terminé les apprêts de sa ruse terrible et inévitable, il envoie à Épiméthée, pour lui offrir ce funeste don, l'illustre vainqueur d'Argus, le rapide messager des dieux. Épiméthée oublia, en ce moment, le conseil que lui avait donné Prométhée, de ne rien recevoir du maître de l'Olympe et de lui renvoyer tous ses dons, dans la crainte de quelque malheur pour les mortels. Il reçut le présent de Jupiter, et, lorsqu'il en fut possesseur, alors seulement il sentit toute son imprudence.

Auparavant, la race humaine vivait sur la terre loin de tous les maux, loin de la peine, de la fatigue, des tristes maladies, qui ont apporté aux hommes la vieillesse et la mort (car les hommes vieillissent vite dans l'affliction). Mais Pandore, découvrant de ses mains un vase qu'elle portait, laissa échapper tous ces fléaux et les répandit sur les mortels. L'Espérance seule y resta captive, errant sur les bords du vase, prête à s'envoler ; car Pandore le referma sur-le-champ, d'après l'ordre du grand Jupiter. Depuis ce temps, mille fléaux divers parcourent la demeure des mortels ; la terre est pleine de maux, la mer en est pleine ; les maladies viennent d'elles-mêmes nous visiter et, le jour, la nuit, nous apportent la douleur ; elles viennent en silence, car le prudent Jupiter leur a ôté la voix. (Il n'est donc pas possible de se soustraire aux décrets de Jupiter.)

Maintenant, si tu le veux, je vais te faire rapidement un autre récit, instructif et véridique. C'est à toi de le graver dans ta mémoire. (Apprends comment ont une commune origine les dieux et les mortels.)

En or fut d'abord formée par les immortels, habitants de l'Olympe, la race des hommes à la voix articulée. C'était au temps de Saturne, lorsqu'il régnait encore dans le ciel. Les humains vivaient alors comme les dieux, le cœur libre de soucis, loin du travail et de la douleur. La triste vieillesse ne venait point les visiter, et, conservant durant toute leur vie la vigueur de leurs pieds et de leurs mains, ils goûtaient la joie dans les festins, à l'abri de tous les maux. Ils mouraient comme on s'endort, vaincu par le sommeil. Tous les biens étaient à eux. La campagne fertile leur offrait d'elle-même une abondante nourriture, dont ils jouissaient à leur gré, qu'ils recueillaient paisiblement ensemble, comblés de biens (riches en fruits de toute espèce et chers aux dieux immortels). Mais, quand la terre eût enfermé dans son sein cette première race, le grand Jupiter en fit des génies bienfaisants, qui habitent parmi nous, veillent à la garde des mortels, observent les actions justes et criminelles, environnés de nuages qui les dérobent à nos yeux, errant sur la surface de la terre et y distribuant la richesse. Telle est la royale fonction qu'ils reçurent en partage.

Les habitants des demeures célestes formèrent ensuite une seconde race bien inférieure à la première, celle de l'âge d'argent. Ce n'étaient plus les corps ni les esprits de l'âge d'or. Enfant durant cent années, l'homme croissait lentement par les soins, nécessaires à sa faiblesse, d'une mère attentive, à l'ombre du toit paternel. Puis, lorsqu'il arrivait enfin à la jeunesse, il vivait quelque temps encore, sujet à des maux produits par son peu de raison. Car les mortels ne pouvaient alors s'abstenir entre eux de l'injure funeste, ils ne voulaient point servir les dieux immortels, ni offrir de sacrifices sur leurs autels sacrés, comme le doivent les sociétés humaines. Aussi Jupiter les fit disparaître, irrité de ce qu'ils ne rendaient point d'honneurs aux bienheureux habitants de l'Olympe. Quand la terre eut encore enfermé dans son sein cette seconde race, habitants des demeures souterraines, ils reçurent aussi le nom de bienheureux, placés au second rang, mais non eux-mêmes sans honneurs.

Cependant Jupiter forma une troisième race, la race de l'âge d'airain, ne ressemblant en rien à celle de l'âge d'argent. C'étaient des hommes robustes et violents, issus de la dure écorce des frênes ; ils n'aimaient que l'injure et les œuvres lugubres de Mars ; ils ne se nourrissaient point des fruits de la terre ; leur cœur avait la dureté de l'acier ; mortels formidables, leur force était extrême : d'invincibles bras descendaient de leurs épaules sur leurs membres vigoureux. Ils avaient des armes d'airain, des maisons d'airain, ils ne se servaient que d'airain. Le fer, ce noir métal, était alors inconnu. Tombés sous l'effort de leurs bras, ils descendirent sans gloire dans la sombre et affreuse demeure de Pluton. Tout terribles qu'ils étaient, la pâle mort les saisit, et ils quittèrent pour toujours l'éclatante lumière du soleil.

Mais quand la terre eut encore enfermé dans son sein cette troisième race, le fils de Saturne la peupla d'une race nouvelle, plus vertueuse et plus juste ; race divine de ces héros mortels, qu'on appela demi-dieux et qui couvraient la terre immense, dans l'âge qui nous a précédés. La guerre funeste, les combats cruels en enlevèrent une partie près des sept portes de Thèbes, dans la terre de Cadmus, lorsqu'ils y combattaient pour la possession des troupeaux d'Œdipe ; elle conduisit les autres, sur des vaisseaux, à travers la vaste mer, dans les plaines de Troie, pour y reprendre Hélène à la belle chevelure. C'est là que la mort les enveloppa de ses ombres. Jupiter leur assigna des demeures aux extrémités de la terre (loin des immortels. Sur eux règne Saturne). Le cœur libre de soucis, ils habitent les îles fortunées, sur le vaste Océan, héros bienheureux, pour qui la terre fertile se couvre trois fois l'année de fleurs nouvelles et de fruits délicieux.

Pourquoi faut-il que je me trouve dans le cinquième âge ? que ne suis-je mort auparavant, ou que ne suis-je encore à naître ! C'est maintenant la race de l'âge de fer. Les hommes ne cesseront plus désormais, et le jour et la nuit, de se consumer en peines et en travaux. Les dieux leur enverront des chagrins accablants. Quelques biens cependant se mêleront à tant de maux. Jupiter perdra aussi les hommes de cette race, à peine nés, lorsque leurs cheveux commenceront à blanchir autour de leurs tempes. Plus d'accord entre le père et les enfants, entre les enfants et le père, entre les hôtes, entre les amis, entre les frères. Le fils sera sans respect pour son vieux père ; il l'affligera avec impiété par des paroles cruelles, sans craindre la vengeance des dieux. Les ingrats humains ne payeront plus à leurs vieux parents le prix de leur éducation ; ils renverseront avec violence les habitations de leurs semblables. On n'aura plus d'égards pour le mortel fidèle à son serment, juste, vertueux. On n'honorera que l'homme violent et injuste. La justice et la pudeur ne se rencontreront plus ici-bas. Le méchant attaquera l'honnête homme par des paroles injustes, en y ajoutant de faux serments. L'Envie, au teint livide, aux discours médisants, à la joie cruelle, poursuivra sans relâche les malheureux.

Remontant vers l'Olympe, loin de la vaste terre, et voilant leurs beaux corps de leurs vêtements blancs, la Pudeur et Némésis ont quitté les hommes pour se joindre à la troupe des dieux ; elles ont laissé aux mortels des maux cruels, qui n'auront point de remède.


Je vais maintenant par une fable instruire les rois, tout sages qu'ils sont.

Voici ce que disait un jour l'épervier au rossignol, qu'il emportait au sein des nuages entre ses ongles recourbés. Comme l'infortuné, percé des serres cruelles du ravisseur, se plaignait en gémissant, celui-ci lui adressa ces dures paroles : « Malheureux ! pourquoi ces plaintes ? un plus fort que toi te tient en sa puissance. Tu vas où je te conduis, quelle que soit la douceur de tes chants. Je puis, si je le veux, faire de toi mon repas ; je puis te laisser échapper. Insensé, qui voudrait résister à la volonté du plus fort ! il serait privé de la victoire et ne recueillerait que la honte et le malheur. » Ainsi parla l'épervier rapide, aux ailes étendues.

Écoute la voix de la Justice (de Dicé), ô Pesès, et n'accrois pas la force de l'Injure (d'Hybris). L'Injure est funeste au misérable, et le puissant lui-même ne la peut supporter ; elle l'accable de son poids, quand il rencontre l'infortune. Il est une voie meilleure, celle qui conduit aux actions justes. A la fin la Justice l'emporte sur l'Injure. L'insensé l'apprend par son expérience.

A la suite des jugements iniques court (Horcos) le dieu qui préside aux serments ; vient elle-même la Justice, se précipitant où l'entrainent ces hommes avides, ces mangeurs de présents, dont les sentences perverses violent les lois. Elle suit en pleurant ; elle traverse les cités et les peuples, enveloppée d'un nuage qui la dérobe aux yeux, répandant les calamités sur ces impies qui la chassent, et qui jugent sans équité.

Mais ceux qui jugent suivant d'équitables lois et les étrangers et leurs concitoyens, qui jamais ne s'écartent du juste, ceux-là voient fleurir leurs villes et leurs peuples prospérer. Sur leur terre fortunée, la paix fait croître une jeunesse nombreuse. Jamais le vigilant Jupiter ne leur envoie le fléau de la guerre ; jamais, chez ces hommes justes, n'habitent ou la famine ou les désastres. Ils jouissent dans les festins du fruit de leurs travaux. La terre fournit en abondance à leur nourriture. Pour eux, sur les montagnes, les chênes ont en haut des glands, et plus bas des abeilles ; d'épaisses toisons couvrent leurs brebis ; leurs femmes donnent le jour à des enfants qui rappellent les traits paternels. Rien n'altère leur félicité ; ils ne sont jamais montés sur des vaisseaux ; ils vivent contents des productions d'une terre fertile.

Mais s'il en est qui préfèrent l'injustice et de criminelles pratiques, le fils de Saturne, aux regards duquel rien n'échappe, leur prépare un châtiment sévère.

Souvent une ville entière porte la peine des iniquités, des crimes d'un seul homme. Du haut du ciel Jupiter fait descendre sur elle quelque fléau terrible, la famine avec la peste : les peuples meurent ; les femmes n'engendrent plus ; les maisons périssent ; ainsi le veut dans sa sagesse le maître de l'Olympe. D'autres fois il détruit leurs armées, renverse leurs murailles, submerge leurs vaisseaux.

Songez, ô rois ! songez vous-mêmes à cette sévère justice ; car les dieux se mêlent au milieu des hommes ; ils ont les yeux ouverts sur le méchant, qui, par de criminels arrêts, cherche à écraser ses semblables, sans crainte de la vengeance céleste. Au nombre de trente mille sont sur la terre nourricière ces immortels ministres de Jupiter, surveillants des mortels, qui observent leurs œuvres bonnes ou mauvaises, errant en tous lieux, cachés dans un nuage. La Justice (Dicé), cette vierge divine, fille de Jupiter, est auguste et respectée parmi les habitants de l'Olympe. Si quelqu'un lui fait injure et l'insulte, aussitôt elle va s'asseoir près de son père ; elle se plaint à lui de la malice des hommes et demande vengeance.

Elle le prie de faire payer aux peuples les iniquités des rois, qui, dans leurs coupables desseins, font pencher la balance des lois et prononcent d'injustes sentences.

Évitez ce péril, ô rois ! réformez ces jugements de la corruption, abandonnez ces voies obliques de l'iniquité.

Il travaille à sa ruine, celui qui médite celle d'autrui, et toute injuste entreprise retombe sur son auteur.

L'œil de Jupiter, qui voit tout, qui pénètre tout, s'arrête quand il lui plaît sur vos actions ; il n'ignore pas quels arrêts se rendent au sein des villes.

Non, je ne veux plus me montrer juste parmi les hommes, je ne veux plus que mon fils le soit, car c'est un mal d'être juste, si le plus injuste doit l'emporter.

Mais je ne pense pas que ce soit là la volonté de Jupiter, du dieu qui lance la foudre.

O Persès ! que mes paroles pénètrent au fond de ton cœur ; prête l'oreille à la voix de la justice, et oublie pour toujours les conseils de la violence. Car telle est la loi qu'a établie le fils de Saturne : il permet aux monstres de la mer, aux bêtes sauvages, aux oiseaux ravisseurs, de se dévorer les uns les autres ; ils n'ont point la justice. Mais aux humains il a donné la justice, ce don inestimable. Celui qui la connaît, qui l'annonce hautement au milieu de ses concitoyens, reçoit de Jupiter, aux regards duquel rien n'échappe, tous les biens de la fortune. Il n'en est pas ainsi du méchant, qui porte témoignage contre la vérité, qui ose profaner par des mensonges la sainteté du serment. En blessant la justice, il s'est lui-même blessé à mort : sa postérité s'efface et disparaît, tandis que le juste, fidèle au serment, laisse derrière lui une race toujours florissante.

Je t'enseignerai d'utiles vérités, ô très aveugle Persès ! Sans doute il en coûte peu pour commettre le mal ; la pente en est facile, il est sous notre main. Devant la vertu, au contraire, les dieux ont placé la sueur ; la route qui y mène est escarpée, d'un accès difficile et rebutant ; mais, à mesure qu'on s'élève, elle s'aplanit sous nos pas.

L'homme le plus parfait est celui qui ne doit qu'à lui-même toute sa sagesse, qui sait en chaque chose considérer la fin. Il est encore digne d'estime, l'homme qui se montre docile aux avis du sage. Mais celui qui, ne pouvant se conseiller lui-même, ne veut point écouter les conseils d'autrui, est un être inutile sur la terre.

Sois toujours fidèle à mes leçons, ô Persès, comme moi enfant de Jupiter. Travaille avec tant d'ardeur que la faim te prenne en haine, que Cérès, à la riante couronne, te chérisse et remplisse tes greniers. Car la faim est l'inséparable compagne de l'homme oisif.

L'homme oisif est également en horreur et aux dieux et aux hommes ; c'est cet insecte sans aiguillon, ce frelon avide, qui s'engraisse en repos du labeur des abeilles. Pour toi, ne refuse pas de te livrer aux travaux convenables, afin que tes greniers s'emplissent, dans la saison, des fruits de la terre.

L'homme qui se livre au travail voit augmenter ses troupeaux et croître sa fortune. Par le travail tu deviendras plus cher aux dieux et aux hommes ; car ils ne peuvent souffrir l'oisiveté.

Travailler n'a jamais rien de honteux ; la honte n'est que pour la paresse.

Si tu travailles, tu seras bientôt aux yeux du paresseux un objet d'envie, lorsqu'il te verra t'enrichir. La richesse a pour compagnes la prééminence et la gloire.

Dans l'état présent de ta fortune, le mieux est de travailler, si tu veux, comme je t'y invite, laisser là ces désirs insensés du bien d'autrui, et ramener tes pensées vers d'utiles occupations.

L'indigent est en proie à la honte mauvaise, à la honte qui fait aux hommes tant de mal comme tant de bien.

La honte accompagne la pauvreté, et la confiance la richesse.

Aux biens que ravit la violence, préfère les biens que dispensent les dieux. Celui que le brigandage enrichit, ou dont la langue dépouille le faible, comme il arrive si souvent lorsque l'amour du gain égare le cœur de l'homme et que l'impudence chasse la pudeur, celui-là disparaît bientôt de la terre ; les dieux l'effacent, sa mission périt, et ses injustes richesses s'écoulent en peu de temps.

Pareil est le crime de celui qui maltraite un hôte, un suppliant; qui monte furtivement dans le lit d'un frère pour souiller son épouse, pressé d'un criminel désir ; qui trompe et dépouille d'innocents orphelins ; qui insulte de dures paroles un père arrivé au terme de la triste vieillesse. Jupiter s'indigne de tels actes, et, à la fin, il les paye d'un cruel retour. Que ton âme imprudente, ô Persès, les tienne toujours éloignés d'elle !

Sacrifie aux dieux, selon ton pouvoir, avec un cœur pur, des mains innocentes, brûlant sur les autels les grasses cuisses de la victime. Ne manque pas de leur offrir des libations et des parfums, soit au moment de te retirer dans ta couche, soit au retour de la lumière. Mérite ainsi qu'ils te soient propices (et que tu puisses acheter l'héritage d'autrui sans jamais vendre le tien).

Invite l'homme qui t'aime, plutôt que ton ennemi; mais préfère à tous celui qui habite près de toi. Car, s'il t'arrivait dans ton domaine quelque accident, tes voisins s'empresseraient d'accourir, la robe flottante, tandis que tes parents prendraient le temps d'attacher leur ceinture.

C'est un fléau qu'un mauvais voisin, autant qu'un bon voisin est un trésor.

Il est favorisé de la fortune, celui qui en a obtenu quelque honnête voisin.

Ton bœuf ne mourrait pas, si tu n'avais pas un mauvais voisin.

Emprunte à ton voisin, dans une mesure convenable, et sois fidèle à rendre dans la même mesure : fais même davantage, si tu le peux, afin de t'assurer un secours pour le jour du besoin.

Point de gains illégitimes : gagner ainsi, c'est perdre.

Il nous faut aimer qui nous aime, rechercher qui nous recherche, donner à qui nous donne, refuser à qui nous refuse.

On donne au généreux, on refuse à l'avare. Donner est bien, ravir est mal et conduit à la mort.

L'homme qui donne volontairement, quelque grand que soit le don, est content d'avoir donné, et s'en réjouit dans son cœur. Mais celui à qui, avec imprudence et opportunité, on extorque un bienfait, si petit qu'il soit, en a l'âme mécontente.

Un peu mis avec un peu, si la chose se répète, fera bientôt beaucoup.

Qui ajoute à ce qu'il possède est sûr d'éviter la faim.

Ce qu'on garde en sa maison ne donne point de soucis.

Votre bien est plus sûrement chez vous que dehors.

Il y a du plaisir à prendre de ce qu'on a; il est dur de n'avoir où prendre; songez-y bien.

Quand le tonneau s'entame ou qu'il s'achève, tu peux y puiser largement. Ménage-le lorsqu'il est à moitié. Épargner le fond serait une tardive économie.

Si tu payes ton ami, que le prix soit honnête.

Si tu plaisantes avec ton frère, ne le fais pas sans témoin. Trop de confiance, trop de défiance nuisent également.

Garde qu'une femme impudique ne te séduise le cœur par de douces paroles, ne s'introduise dans ta maison. Se fier à la femme, c'est se fier aux voleurs.

N'aie qu'un fils pour soutenir la maison paternelle. C'est ainsi que les maisons prospèrent.

Puisses-tu mourir vieux, laissant après toi un second enfant qui s'élève.

Même à plusieurs, Jupiter donnerait facilement une richesse infinie.

Plus de biens demandent plus de soins, mais produisent davantage.

(Quant à toi, ton cœur est-il possédé du bien d'acquérir, tu n'as qu'une chose à faire, travailler, et encore travailler.)


Au lever des filles d'Atlas, des Pléiades, on doit commencer la moisson ; à leur coucher, le labourage. Quarante nuits et quarante jours elles restent cachées, pour ne reparaître que quand l'année a terminé son cours, et qu'on commence à aiguiser les faucilles.

Telle est la loi des campagnes, et pour ceux qui vivent près de la mer, et pour ceux qui, loin de ses flots, habitent la terre fertile des vallées : c'est nu qu'il te faut labourer, semer, moissonner, afin que soient accomplis en leur temps tous les travaux de Cérès, qu'en leur temps aussi arrivent les récoltes, et que tu ne te voies pas réduit, dans l'intervalle, à mendier de porte en porte sans rien obtenir. Car c'est ainsi que dernièrement tu es venu vers moi : mais je ne veux désormais ni te donner, ni te prêter : travaille, insensé Persès ; ne te refuse plus à ces travaux auxquels, par des signes certains, les dieux convient les hommes. Autrement il te faudrait, avec tes enfants et ta femme, le cœur rempli d'amertume, aller demander ta vie à des voisins indifférents. Peut-être, deux ou trois fois, te donneraient-ils quelque chose ; mais, si tu les fatiguais davantage, tu n'en tirerais plus rien ; en vain, redoublerais-tu tes prières, ce serait paroles perdues. Songe donc, je t'y exhorte, aux moyens d'acquitter tes dettes et de chasser le besoin.

Il te faut avant tout une maison, une femme, un bœuf de charrue ; une femme achetée, non une épouse, qui puisse suivre les bœufs. Que ta demeure soit pourvue de tous les instruments de la culture ; n'aie jamais à les emprunter ; on te refuserait, et tu perdrais, à chercher, le moment favorable, la saison du travail.

Ne remets point au lendemain, au surlendemain. Qui craint la peine, qui la diffère, ne remplit point son grenier. C'est l'activité qui fait aller l'ouvrage, et le lâche est toujours en lutte avec la misère.

Alors que les traits du soleil, amortis par les pluies de l'automne, cessent de brûler, d'épuiser, que nos membres commencent à se mouvoir avec plus d'agilité;

car, en cette saison, l'étoile de la canicule, Sirius, ne demeure pendant le jour que peu d'instants sur la tête des mortels, et achève pendant la nuit la plus forte part de sa course, alors, dis-je, les arbres répandant à terre leur feuillage et cessant de germer, le bois que coupe le fer est moins sujet à se corrompre ; alors, ne l'oublie pas, c'est le temps de prendre la cognée. Abats un tronc de trois pieds, pour en faire ton mortier ; donne trois coudées au pilon et sept pieds au levier, c'est la mesure la plus convenable. Si tu le coupes de huit, tu pourras en détacher un maillet. Que ton charriot ait dix palmes ; que les jantes de tes roues en aient trois. Amasse nombre d'ais recourbés, et, quand tu rencontreras sur la montagne ou dans la plaine quelque morceau d'yeuse, propre à former un corps de charrue, hâte-toi de le transporter dans ta maison ; nul ne supportera mieux la fatigue du labourage, lorsqu'un serviteur de Minerve l'aura attaché avec de fortes chevilles à la pièce où s'enclave le soc et au timon. Il te faut deux charrues ; occupe-toi, en ta demeure, du soin de les construire ; que l'une soit d'une seule pièce, l'autre de bois d'assemblage : ce sera très bien fait ; car, si la première vient à se briser, il te restera la seconde pour y atteler tes bœufs. Les timons les moins sujets à être attaqués par les vers sont en laurier ou en orme ; le chêne convient mieux à la partie où s'attache le soc, et l'yeuse au corps de la charrue. Aie un couple de bœufs, de neuf ans : à cet âge, ils seront dans la plénitude de la jeunesse, en possession de toute leur force, les plus propres au travail, et tu n'auras pas à craindre que, dans leurs luttes, ils brisent la charrue au milieu du sillon et laissent le labour imparfait.

L'homme qui les conduira aura quarante ans ; il se sera rassasié, avant de partir, d'un pain partagé en quatre compartiments, en huit portions, et fera son unique affaire de tracer droit son sillon, sans chercher de côté et d'autre s'il aperçoit quelque connaissance, le cœur tout entier à son ouvrage. Un plus jeune serviteur ne saurait pas aussi bien jeter la semence avec égalité, éviter de la répandre deux fois au même lieu. Les jeunes gens ont toujours en la pensée leurs compagnons, les amis de leur âge.

Sois attentif au cri que, tous les ans, pousse la grue du haut du ciel. C'est le signal du labourage ; c'est l'annonce du brumeux hiver ; il pénètre, il déchire le cœur de l'homme qui n'a point de bœufs. Aie donc soin, à cette époque, d'en nourrir dans ta maison qui t'appartiennent. Il est aisé de dire : Prêtez-moi un attelage et un charriot ; il ne l'est pas moins de répondre : Mes bœufs sont occupés. Un homme, qui se croit bien riche, se promet alors de se fabriquer un charriot ; insensé, qui ne sait pas qu'un charriot se compose de cent pièces, qu'il faut avoir rassemblées d'avance !

Aussitôt que brillera pour les mortels le jour du dernier labourage, mettez-vous à l'œuvre, serviteurs et maître, et retournez la terre sèche, la terre humide, mettant à profit la saison convenable, vous hâtant dès l'aurore, afin que vos champs regorgent de moissons. (Le guéret que tu auras ouvert au printemps, si tu le renouvelles en été, ne trompera point ton espoir.)

Aie soin de l'ensemencer, lorsqu'il est nouveau encore, que la glèbe y est légère. (C'est là un charme puissant pour conjurer les imprécations, apaiser les cris de tes enfants.)

Prie le Jupiter des sombres lieux, la chaste Cérès, de faire croître et mûrir ces fruits divins, présent d'une déesse : invoque-les en commençant ton labour, au moment où tu mets la main à la charrue, où tu touches tes bœufs de l'aiguillon, quand déjà le timon s'ébranle entraîné par les courroies du joug. Que derrière toi marche un jeune serviteur avec un hoyau, pour recouvrir la semence et tromper l'avidité des oiseaux. L'ordre est profitable aux mortels, autant que le désordre leur est nuisible. Ainsi, pourvu que le dieu de l'Olympe accorde à tes travaux une suite heureuse, tes abondants épis se courberont vers la terre, et il te faudra chasser les araignées de tes greniers et de tes boisseaux : ainsi, je l'espère, tu pourras puiser joyeusement dans de riches provisions, et, sans crainte de manquer, attendre le retour du printemps à la brillante lumière, ne portant point sur d'autres un œil envieux, envié toi-même et sollicité d'autrui.

Que si tu ne te presses pas de labourer et de semer avant le solstice d'hiver, tu moissonneras à l'aise, assis dans ton champ, ne saisissant autour de toi que de minces javelles, formant irrégulièrement quelques gerbes ; tout poudreux et peu content, tu t'en reviendras portant ta récolte dans une corbeille : à peine te regardera-t-on.

Les desseins de Jupiter varient, et il est difficile à l'homme de les pénétrer. As-tu labouré tard ? ce n'est pas toujours un mal sans remède. Lorsque le coucou commence à se faire entendre dans le feuillage du chêne, et que son cri réjouit par toute la terre le cœur des mortels, si, trois jours de suite, sans relâche, Jupiter fait tomber la pluie, que l'eau ne s'élève point au-dessus du sabot du bœuf, et ne demeure point au-dessous, alors le laboureur le moins actif sera favorisé à l'égal du plus diligent. (Conserve soigneusement en ta mémoire tous ces secrets ; sache prévoir le retour du printemps à la brillante lumière, reconnaitre ses pluies favorables.)

Mais garde-toi de fréquenter les forges, les tièdes portiques chauffés par le soleil, tous ces lieux de réunion, dans la saison rigoureuse où le froid détourne du travail des champs. Dans cette saison même, un homme laborieux saurait accroître son bien-être. Crains, en ces jours mauvais de l'hiver, de te laisser surprendre par le besoin, par l'indigence, pressant de ta main amaigrie tes pieds gonflés. Celui qui se repose, dans une vaine attente, et cependant n'a pas de quoi se nourrir, doit souvent rouler en son esprit de fâcheuses pensées (et un esprit flatteur ne peut guère s'offrir à lui, lorsqu'il s'amuse à converser assis sous les portiques, et manque du nécessaire). Dis à tes serviteurs, dès le milieu de l'été : « L'été ne durera pas toujours ; faites-vous des retraites pour l'hiver. »

Il faut se garder du mois Lénæon, de ces jours mauvais, si funestes aux troupeaux ; de ces tristes frimas, qui se forment alors au souffle de Borée ; lorsque, soufflant du fond de la Thrace, cette terre nourricière des coursiers, il soulève la vaste mer, qu'il fait mugir la terre et les bois, que, dans son cours impétueux, il lance au fond des vallées des chênes altiers, les sapins touffus, et remplit de ses mugissements les forêts profondes. Les bêtes sauvages frissonnent ; elles ramènent sous leur ventre leur queue engourdie : celles même que protège une peau velue ne sont pas à l'abri du froid ; la bise pénètre leurs fourrures, perce le cuir du bœuf, les longs poils de la chèvre : pour les brebis, elle ne peut traverser leur épaisse toison. Le froid courbe le vieillard ; mais il ne se fait point sentir aux membres délicats de la jeune fille, retirée dans sa maison auprès de sa mère, vierge encore, étrangère aux jeux de la belle Vénus. Elle se réchauffe par des bains salutaires, elle répand sur son corps une huile parfumée, et repose doucement au fond de sa demeure, dans cette cruelle saison où le polype affamé se ronge les pieds, ne pouvant sortir de sa triste et froide retraite. Car le soleil ne lui montre pas encore de proie sur laquelle il puisse s'élancer. Cet astre roule sur la tête des noirs habitants de l'Éthiopie, et ne brille que plus tard aux yeux des Grecs. Alors les hôtes des bois, les animaux armés de cornes et ceux qui n'en ont point, frémissant, grinçant des dents, se pressent dans les étroits sentiers des forêts. Ils n'ont tous qu'un même soin : ils cherchent leur asile accoutumé, quelque repaire secret, quelque creux de rocher. Semblables au vieillard courbé sur un bâton, dont les épaules sont brisées, dont la tête penche vers la terre, les hommes fuient devant les tourbillons blanchissants de la neige.

Aie soin alors, je te le recommande, de mettre ton corps à l'abri sous un épais manteau, sous une longue tunique. Quant à l'étoffe, que la chaine en soit rare, la trame au contraire fort épaisse. Ainsi couvert, tu éviteras que le poil de ta chair ne frissonne et ne se hérisse. Enferme tes pieds dans de bons souliers de peau de bœuf, bien doublés de chaussons de laine; de quelques peaux de jeunes chevreaux, cousues ensemble avec le nerf du bœuf, fais-toi, dans la froide saison, une couverture pour tes épaules, un rempart contre la pluie. Procure-toi aussi un bonnet de laine, propre à t'envelopper la tête et à garantir tes oreilles de l'humidité. Il fait grand froid le matin quand vient à tomber le souffle de Borée. Le matin, s'étend du ciel à la terre, sur les guérets de l'heureux cultivateur, une vapeur féconde ; puisée dans l'éternel courant des fleuves, et suspendue dans les airs par la violence des vents, tantôt elle se résout en pluie vers le soir, tantôt elle se dissipe quand Borée, du fond de la Thrace, pousse devant lui les nuages amoncelés.

Tiens-toi donc en garde, hâte-toi d'achever ton ouvrage et de regagner le logis ; crains que, du haut du ciel, une sombre nuée ne fonde tout à coup sur toi et ne t'enveloppe, inondant ta tête et tes vêtements ; préviens sa chute, s'il est possible. C'est maintenant le plus mauvais mois de l'hiver, mauvais pour le menu bétail, mauvais aussi pour les hommes.

En ce temps, il suffit aux bœufs d'une demi-portion d'aliments, mais il faut davantage à l'homme ; car, pour les animaux, les longues nuits peuvent suppléer au défaut de la nourriture. (Ne l'oublie pas, et proportionne à la durée de la nuit la ration du jour jusqu'à ce que l'année s'achève, et que la mère commune, la terre, produise de nouveau tous ses fruits.)

Lorsqu'après le solstice d'hiver, Jupiter a accompli un cercle de soixante jours, alors, quittant les flots sacrés de l'Océan, l'Arcture brille dans le ciel de toute sa lumière au commencement de la nuit. Ensuite, la fille de Pandion, l'hirondelle aux plaintes matinales, revient se montrer aux hommes avec le printemps nouveau. N'attends point son retour pour tailler tes vignes, et ce sera fort bien fait.

Plus tard, quand, fuyant les Pléiades, l'insecte qui porte sa maison montera de la terre sur les plantes, il ne s'agira plus de fouir la vigne, mais d'aiguiser les faucilles et d'animer ses serviteurs. Fuis l'ombre de la maison et le sommeil du matin, au temps de la moisson, alors que le soleil brûle et dessèche la peau. A ce moment hâte-toi dès le point du jour de transporter dans ta demeure les fruits de la terre, pour assurer ta subsistance. A l'aurore appartient le tiers de l'ouvrage ; l'aurore est le signal du départ, le signal du travail ; l'aurore, dont la lumière invite les hommes à se mettre en route, et fait poser le joug sur le cou des taureaux.

Quand fleurit le chardon, quand, retirée dans le feuillage, agitant à grand bruit ses ailes, l'harmonieuse cigale se répand en accents pleins de douceur, dans ces jours les plus accablants de l'été (les chèvres sont plus grasses et le vin meilleur, les femmes ont plus d'ardeur au plaisir, les hommes au contraire moins de vigueur ; l'ardente canicule dessèche leur tête et leurs genoux, épuise, énerve leur corps), il faut alors le frais abri d'un antre, du vin de Biblos, des gâteaux de farine et de lait, du lait de chèvres qui n'allaitent plus, la chair de génisses nourries de feuillages, celle de tendres chevreaux. Quand on s'est rassasié de nourriture, il faut s'abreuver du vin noir, assis à l'ombre et le visage tourné vers la pure haleine de Zéphire. Puisant dans le courant d'une source pure et limpide, il faut mêler dans sa coupe trois parties d'eau, seulement une de vin.

Aussitôt que brillera l'astre d'Orion, tu commanderas à tes serviteurs de battre les fruits que t'aura donnés Cérès dans un lieu bien exposé, sur une aire bien aplanie, de les mesurer, de les enfermer ; puis, quand toute la récolte sera rentrée et rangée, tu t'occuperas de chercher un domestique hors de maison, une servante sans enfants, je te le recommande; celles qui ont une famille sont trop difficiles à conduire. Tu élèveras un chien à la dent tranchante, sans épargner sur sa nourriture, afin que les dormeurs de jour ne puissent te dérober ton bien.

Enfin, tu rassembleras chez toi de la menue paille et du foin, en quantité suffisante pour faire vivre pendant un an tes bœufs et tes mulets. Après cela, tu pourras laisser reposer les jambes de tes serviteurs, et dételer tes bœufs.

Quand Orion et Sirius seront parvenus au milieu du ciel, que l'Arcture se montrera aux regards de la vermeille aurore, il te faudra, ô Persès, couper et recueillir tes raisins. Laisse-les exposés au soleil pendant dix jours et autant de nuits, garde-les à l'ombre pendant cinq, et, le sixième, renferme dans des urnes le breuvage, présent du joyeux Bacchus. Quand reviendra le coucher des Pléiades, des Hyades, d'Orion, ce sera, souviens-t'en, le temps de reprendre le labourage. Telle doit être pour les travaux rustiques la distribution de l'année.

Peut-être voudras-tu te livrer aussi aux soins périlleux de la navigation? Lorsque, fuyant devant le redoutable Orion, les Pléiades se précipitent dans le sombre abîme des flots, de tous les points du ciel les vents soufflent avec furie. N'aie jamais, en ce temps, de vaisseaux sur la mer; c'est alors, je te le répète encore, ne l'oublie pas, qu'il convient de travailler à la terre. Mets ton navire à sec sur le rivage; assure-le de tous côtés avec des pierres, pour que les vents de cette humide saison ne le puissent ébranler ; retires-en la bonde de peur que la pluie de Jupiter ne le pourrisse ; emporte en ta maison et serre avec soin ses agrès, ailes légères qui le font voler sur les eaux ; suspends son gouvernail à la fumée de ton foyer, et attends ensuite le retour de la saison où l'on navigue. Alors tu lanceras de nouveau ton esquif ; tu le chargeras, comme il convient, pour rapporter de ton voyage un gain raisonnable. Ainsi faisait mon père et le tien, frère trop peu sensé, naviguant sur des vaisseaux pour chercher la fortune qui lui manquait. Voilà comme il vint, ici, de Cumes en Éolie, après un long trajet, sur un noir esquif, en homme qui ne fuit ni le gain, ni la richesse, ni l'abondance, mais la pauvreté, présent funeste que Jupiter fait aux hommes. Il se fixa près de l'Hélicon, dans ce misérable village, Ascra, odieux en hiver, triste en été, en aucun temps agréable. Aie soin, ô Persès, de choisir pour tout travail, mais surtout pour la navigation, le temps convenable. Tu pourras faire cas d'un vaisseau de médiocre grandeur, mais c'est un grand vaisseau qu'il te faudra charger de marchandises. Plus forte sera la charge et plus fort le profit qui s'ajoutera à ton avoir, si les vents retiennent en ta faveur leurs pernicieuses haleines.

Quand tes désirs imprudents se tourneront vers le commerce maritime, que tu voudras te soustraire à tes dettes, échapper aux ennuis de la faim, je t'enseignerai les lois de la mer aux flots retentissants, bien que je n'aie aucune connaissance de la navigation et des vaisseaux. Jamais en effet je ne traversai sur un vaisseau la vaste mer, qu'une seule fois, pour passer en Eubée du port d'Aulis, où jadis les Grecs, attendant la saison favorable, rassemblèrent de toutes les contrées de la divine Hellade, contre Troie aux belles femmes, une nombreuse armée. Je me rendais à Chalcis, aux jeux du vaillant Amphidamas. Des prix nombreux avaient été proposés par ses magnanimes enfants. J'y remportai, je puis le rappeler avec orgueil, celui du chant, un trépied à deux anses que je consacrai aux Muses, habitantes de l'Hélicon, le jour où, pour la première fois, elles m'élevèrent au rang des chantres harmonieux. C'est la seule expérience que j'aie faite des vaisseaux aux mille clous. Je ne t'en dirai pas moins la pensée de Jupiter, le maître de l'égide. Car les Muses m'ont instruit dans la science des chants divins.

Pendant les cinquante jours qui suivent le solstice d'été, lorsque touche à son terme l'accablante et laborieuse saison, il est de saison de naviguer. Tu ne risques pas alors de voir ton vaisseau brisé, tes matelots engloutis, si toutefois le dieu qui ébranle la terre, Neptune, ou si Jupiter, le roi des immortels, ne veut pas ta perte : car en leurs mains sont également et les biens et les maux. Alors les vents sont réguliers, la mer est calme et douce : ramène avec confiance au sein des eaux, ton vaisseau rapide et charge-le de marchandises. Mais fais diligence pour retourner au logis. N'attends pas le temps du vin nouveau, ces jours humides de l'automne, ces approches de l'hiver où le souffle impétueux du Notus soulève des flots, et, avec les torrents de pluie que verse Jupiter, rend la mer si difficile.

Il est encore au printemps des jours où l'homme peut naviguer. Lorsque, égales en grandeur tout au plus aux pas d'une corneille, des feuilles se montrent à l'extrémité des branches du figuier, la voie est couverte sur la mer : c'est la navigation du printemps. Je ne saurais, quant à moi, l'approuver : il ne me plait point qu'il faille si rapidement la saisir au passage ; difficilement on y échappe aux dangers ; mais les hommes s'y hasardent également dans leur folie : pour les malheureux mortels, c'est la vie que la richesse. Il est triste pourtant de périr dans les flots ; repasse dans ton esprit, je te le recommande, toutes mes instructions.

N'enferme point dans la carène de tes vaisseaux toute ta fortune ; laisses-en à terre la meilleure partie, n'expose que la moindre. C'est chose triste que d'aller à travers les mers chercher sa ruine. (Ce serait chose triste aussi, qu'emplissant immodérément ton chariot, tu en rompisses l'essieu et en perdisses la charge.) Garde en tout la mesure et choisis le moment : en toutes choses, c'est le principal.

Choisis pour conduire une femme dans ta maison l'âge où ta jeunesse sera dans sa force, quand tu n'auras ni beaucoup moins, ni beaucoup plus de trente ans. C'est là pour l'homme la saison du mariage. Pour la femme, qu'elle demeure quatre années nubile et se marie la cinquième. Prends-la vierge, afin de former ses mœurs ; prends-la dans ton voisinage, et, avant, observe, informe-toi, de peur d'épouser du plaisir pour tes voisins. L'homme ne peut rien rencontrer de meilleur que la femme, quand elle est bonne, mais rien de pire, quand elle est mauvaise, et qu'adonnée aux fêtes et aux festins, elle consume, sans torche, un époux robuste et le livre à la cruelle vieillesse.

Songe avec crainte à la justice des dieux immortels : ne te hâte point de mettre un ami au rang d'un frère, mais si tu le fais, garde-toi de lui nuire le premier, et n'use jamais à son égard de mensonge même pour amuser ta langue. S'il commence et te provoque par quelque mot, quelque acte d'inimitié, ne manque pas de lui rendre deux fois la pareille. Que s'il revient et t'offre satisfaction, ne le repousse point. Malheureux est l'homme qui change souvent d'amis. Que ton aspect extérieur ne trahisse pas en toi une pensée mauvaise.

Crains qu'on ne t'accuse de recevoir trop d'hôtes, ou de n'en recevoir aucun. Évite de passer pour le compagnon des méchants, pour l'adversaire, le détracteur des gens de bien. N'aie jamais le cœur de reprocher à personne la funeste, la dévorante pauvreté, triste don des bienheureux immortels. C'est pour l'homme le plus grand des trésors qu'une langue ménagère de paroles; c'est la première des grâces qu'une langue qui se modère. Qui parle mal des autres pourra bien entendre pis. Ne porte point une humeur morose dans ces repas nombreux où l'on se traite à frais communs; tu y trouveras du plaisir sans trop de dépense.

Lorsque le matin tu répandras en l'honneur de Jupiter et des autres immortels des libations de vin pur, que ce ne soit point avant d'avoir lavé tes mains: autrement les dieux refuseraient de t'entendre et rejetteraient tes prières. Ne satisfais jamais aux nécessités de la nature, debout et en face du soleil. Lors même que cet astre est couché, garde-toi pour te soulager, de te tourner vers l'Orient, et, soit sur la route, soit à l'écart, ne le fais point en marchant et découvert: les nuits appartiennent aux dieux. Un homme religieux et modeste aura soin de se tenir accroupi sur du fumier, ou se retirera près du mur de quelque cour bien fermée. Ne va pas non plus dans ta maison, en quittant ta femme, humide encore de ses caresses, t'offrir en cet état à la flamme du foyer ; évite cette profanation. Ce n'est pas au sortir d'un repas funèbre, mais en revenant des sacrés festins, qu'il conviendra que tu travailles à te donner un héritier. N'entre jamais dans le lit de ces fleuves qui coulent sans repos, que tu n'aies d'abord prié, l'œil fixé sur leurs beaux courants, et baigné tes mains dans leurs humides eaux. Celui qui traverse un fleuve, et, par malice, s'abstient de baigner ses mains, les dieux s'indignent contre lui et lui envoient plus tard des châtiments. Assis à la table des dieux, ne porte point le fer aux cinq doigts de ta main pour retrancher du vert la partie sèche. Ne place point sur l'urne qui contient le vin le vase qui le verse aux buveurs : à cela s'attache un funeste présage. Si tu te bâtis une maison, ne la laisse point inachevée, de peur que la corneille ne vienne s'y poser et y pousser son cri sinistre. D'un vase qui n'a point été consacré, garde-toi de retirer ou des aliments pour ta nourriture, ou de l'eau pour ton bain : cela ne se fait pas non plus impunément. N'assieds point, rien de plus funeste, sur la pierre immobile des tombeaux, un enfant de douze jours : cet enfant ne deviendrait jamais un homme. (Il aurait douze mois ce serait de même.) Homme, ne te baigne point avec les femmes, ou tu en seras un jour sévèrement puni. Si tu rencontres sur ta route un sacrifice, ne te ris pas des cérémonies saintes ; la divinité s'en irrite. Évite de souiller de tes ordures les fleuves à leur embouchure et l'eau des fontaines.

Suis mes conseils, et crains de te faire parmi les hommes un fâcheux renom. La mauvaise renommée est un fardeau, léger à soulever, lourd à porter, difficile à déposer. Jamais la renommée ne périt entièrement, sans cesse entretenue par les discours de la foule : c'est aussi une déesse.


Quant aux jours que nous envoie Jupiter, applique-toi à en connaître les influences, et enseigne-les à tes serviteurs.

Pour inspecter les travaux, pour distribuer les vivres, le jour du mois qui convient le mieux, c'est le trentième, celui où le peuple s'occupe du soin de rendre la justice. Parmi les autres qui nous viennent aussi de Jupiter sont sacrés : le premier, le quatrième, le septième où de Latone naquit Apollon à l'épée d'or, le huitième, le neuvième. Il y a deux jours du mois croissant qui sont particulièrement favorables aux travaux des hommes : le onzième et le douzième; ils sont bons l'un et l'autre, le premier pour la tonte, le second pour la moisson ; mais des deux le meilleur est le douzième. C'est en ce jour que file, suspendue dans les airs, l'agile araignée à l'heure de la pleine lumière, et que l'insecte prévoyant grossit ses magasins. Qu'en ce jour aussi la femme dresse son métier et se mette à l'ouvrage. Dans la première partie du mois, évite pour semer le treizième jour ; choisis-le de préférence pour planter. Le seizième jour au contraire n'est pas du tout favorable à la reproduction des plantes, il l'est à celle des hommes, des mâles du moins, car pour une fille il est fâcheux de naître ou de se marier en ce jour. Le sixième lui-même est peu propice à la naissance des filles. Il est bon pour châtrer les chevreaux et les moutons, pour enclore les parcs où se garde le bétail ; il favorise la multiplication de notre sexe ; il aime les railleries, les mensonges, les doux propos, les secrets entretiens. Au huitième jour du mois, châtre le chevreau et le bœuf mugissant ; au douzième, les mulets laborieux. C'est le vingtième, jour de grande importance, près de son terme, qu'on peut se flatter d'engendrer un homme sage, un homme dont l'esprit soit un jour plein de sens. Le dixième est favorable à la naissance des enfants mâles, le quatorzième à celle des enfants de l'autre sexe. En ce jour tu flatteras de la main, pour les apprivoiser, les moutons, les bœufs au pied flexible, aux cornes recourbées, le chien à la dent tranchante, les mulets au travail infatigable ; mais tiens-toi en garde contre leur colère. Évite soigneusement tous les quatrièmes jours du mois (4, 16, 24), qu'il commence ou qu'il finisse, de te laisser consumer par la tristesse. Le quatrième jour est sacré. C'est le jour où tu conduiras une épouse en ta maison, après avoir consulté les oiseaux qui président à cet acte de la vie. Mais garde-toi des jours où se rencontre le nombre cinq (5, 15, 25) ; ils sont tristes et funestes. C'est en ces jours, dit-on, que les Érinnyes se promènent sur la terre, prêtant leur ministère à Horcos, à ce dieu du serment, qu'engendra Héris (la discorde) pour la perte des parjures. Au dix-septième jour, les dons sacrés de Cérès seront placés par le cultivateur attentif sur une aire aplanie avec soin. Dans le même jour, le bûcheron s'occupera de couper les pièces dont se forme le lit nuptial, et toutes celles qui entrent dans la construction des vaisseaux. Le quatrième, on commencera de fabriquer la nef légère. Le dix-neuf est bon dans l'après-midi. Le neuf n'est point du tout à redouter : il convient aux plantations ; il est favorable à la naissance des hommes et des femmes ; il n'a rien de funeste. Quant au vingt-neuf, bien peu savent que c'est le meilleur jour du mois (pour entamer un tonneau, pour soumettre au joug les bœufs, les mulets, les chevaux rapides), pour lancer sur la sombre mer l'esquif aux bancs nombreux, aux rames agiles. Bien peu encore appellent le dix-neuf un jour de vérité.... On ne sait guère qu'après le vingtième il est, au matin, le plus heureux jour du mois ; le soir il vaut beaucoup moins. Voilà les jours profitables aux mortels. Ceux qui en remplissent les intervalles sont tout à fait sans influence, indifférents. On fait cas des uns ou des autres, trop souvent sans s'y connaître. Car tel est comme une marâtre, et tel comme une mère. Heureux et fortuné qui a cette science et y conforme ses travaux, irréprochable devant les dieux, dont il suit les augures, dont il craint de trangresser les lois !

FIN DES POÈMES D'HÉSIODE.

# THÉOGNIS

# NOTICE

SUR

# THÉOGNIS DE MÉGARE

PAR

M. Jules GIRARD

de l'Académie des Inscriptions et Belles-Lettres

---

Théognis est moraliste et passionné; c'est là ce qui le distingue des autres poètes que les anciens Grecs honoraient comme leurs maîtres et leurs éducateurs. Isocrate le cite avec Hésiode et Phocylide parmi les meilleurs conseillers auxquels on puisse demander la science de la vie; ses vers élégiaques ont été pendant des siècles appris par cœur dans les écoles: et ce sage nous a transmis avec ses préceptes l'expression ardente de ses haines, l'éloquent témoignage de ses émotions et de ses douleurs. Il nous apparaît, non pas seulement, comme les Sages de la Grèce, occupé de dicter des règles de conduite à ses contemporains, mais si fortement engagé lui-même dans la réalité, qu'il n'est peut-être pas d'auteur ancien qui nous en apprenne davantage sur l'état politique et social et sur les mœurs de son pays à une date déterminée.

On ignore l'année de sa naissance. Il fleurissait vers 544 avant Jésus-Christ et vivait encore au temps de la première guerre Médique. Cet espace d'une cinquantaine d'années qu'enferment les limites connues de sa vie semble avoir été pour Mégare, sa patrie, une période de troubles et de révolutions. Dès 610 le régime aristocratique, qui dominait dans cette ville comme dans toutes les cités Doriennes, avait été violemment détruit par Théogène, le beau-père de l'Athénien Cylon. Grâce à l'appui du peuple, il s'était emparé de la tyrannie. Renversé à son tour, sa chute avait été le signal d'une démocratie effrénée, dont le souvenir a été consacré dans l'histoire des lettres par la naissance de la comédie politique, forme particulière des représailles que le peuple exerça alors contre la dure oppression de la race conquérante. Des alternatives mal connues rendirent et retirèrent le pouvoir aux nobles, jusqu'à ce qu'enfin, vers le commencement de la guerre du Péloponnèse, le rétablissement durable de leur autorité dans des conditions plus douces et équitables procurât à leur pays un régime d'ordre et de calme qui faisait l'envie de Platon et d'Isocrate.

Théognis fut directement impliqué dans les agitations par lesquelles Mégare acheta cette tardive tranquillité, et c'est lui qui nous a laissé la preuve, pour ainsi dire vivante, des passions dont était animés les deux partis en lutte. Noble lui-même, il trouve les expressions les plus méprisantes qu'ait pu inventer l'orgueil de race, pour flétrir l'usurpation des vilains, ces êtres à demi humains qui naguère, exclus de la cité, vivaient sur la montagne comme des bêtes sauvages, dont le cou plié par la servitude ne peut se redresser, qu'il faut écraser du talon, dont l'incurable grossièreté est aussi impuissante à produire des enfants de bonne nature que les oignons des scilles à donner la rose ou l'hyacinthe.

La société se partage en deux classes : les *bons*, c'est-à-dire les nobles, et les *mauvais*, c'est-à-dire les vilains. Or ce qui désole le poète et lui paraît consommer la ruine morale de la société, c'est que sous la contrainte de la pauvreté, des nobles s'allient par des mariages avec des vilains enrichis. En lisant ces plaintes, nous ne devons pas oublier que Mégare était une ville maritime et commerçante. Le peuple ne se borna pas à s'emparer violemment des propriétés de ses anciens oppresseurs ; il leur succéda dans les opérations commerciales dont ils avaient le privilège et l'expérience et donna ainsi à sa fortune nouvelle un accroissement durable. De là des rapports d'intérêts et des désirs mutuels de transactions ; et c'est ce qui sans doute contribua le plus à amener avec le temps un rapprochement entre les classes ennemies. Théognis, lui, condamne énergiquement chez les autres membres de l'aristocratie ces honteuses faiblesses. Dépouillé lui-même de ses biens, il ne trouve de satisfaction que dans l'amertume de ses plaintes et dans l'expression de ses regrets. Plût aux dieux qu'il pût *boire le sang noir* de ses spoliateurs ! Telle est l'imprécation, renouvelée de l'Hécube d'Homère, qui s'élance de cette âme aigrie par la pauvreté, irritée à la fois par les violences de ses adversaires et par les trahisons des siens. Il aime aussi à se représenter les jouissances perdues, qui autrefois étaient réservées à cette société particulière que formaient les nobles. Jeune, il les avait chantées dans des vers dont quelques-uns sont peut-être venus jusqu'à nous ; et l'on peut, en le lisant, se représenter dans quelques-uns de ses traits la vie élégante et voluptueuse des Doriens de Mégare, surtout les mœurs des banquets, qui, dans une ville enrichie par le commerce, avaient pris un tout autre caractère qu'à Sparte.

Théognis nous révèle dans sa patrie l'existence de vicissitudes et de périls dont l'histoire n'a pas gardé le souvenir. Il parle de la sottise du peuple *amoureux d'un maître* ; il signale le danger de voir « s'élever le chef de quelque faction funeste, qu'enfantera pour son châtiment l'insolente cité. » Il fut forcé de chercher un refuge dans l'exil. Accueilli par les Mégariens de Sicile qui lui accordèrent le titre de citoyen, peut-être resta-t-il chez eux jusqu'à la destruction de leur ville par Gélon en 483. On voit qu'il séjourna aussi à Sparte et en Eubée. C'est lui-même qui nous apprend ces détails sur son exil dans des plaintes où s'exprime éloquemment le regret de la patrie. Le patriotisme, en effet, relève chez lui la passion politique ; on le sent aussi dans l'expression des craintes que lui inspirent soit la menace prochaine de la guerre contre les Perses, soit la mollesse de ses concitoyens, qui « les voiles blanches abaissées, marchent au hasard en pleine mer dans la sombre nuit, et dorment sans défendre le navire contre les vagues qui l'envahissent par les deux bords. »

Ces vers respirent une morale plus désintéressée et plus haute. Mais Théognis n'aurait pas été compté parmi les moralistes, s'il s'était borné à exprimer, dans l'émotion du patriotisme, quelque sentiment généreux. Ce qui lui a mérité cet honneur, c'est une sorte de fonction volontairement acceptée et remplie sous une forme toute grecque, celle d'instituteur d'un jeune homme. Une antique légende, que racontait encore Pindare, représente le centaure Chiron élevant Achille et façonnant à la fois le corps et l'âme du jeune héros : il semble qu'une tradition se soit formée à cet exemple chez les Grecs, qui conservaient parmi les poèmes hésiodiques des *Conseils de Chiron à Achille*, et qu'elle ait surtout été en honneur dans l'aristocratie dorienne. C'est ainsi que Théognis se fait l'éducateur d'un jeune noble, Cyrnus de Polypaidès ou fils de Polypès ; il lui prodigue les conseils, lui transmet les qualités et les manières qui conviennent à son rang, lui communique enfin la science de la vie telle qu'il l'a gagnée par une pénible expérience. Sans doute, dans cette période de luttes et de périls, les passions haineuses, les leçons d'une prudence qui va jusqu'à la dissimulation ne sauraient être exclues de l'enseignement du maître : c'est une éducation de parti que reçoit l'élève de Théognis. Cependant il y a aussi dans cet enseignement un côté plus général et plus noble ; le poète forme Cyrnus à l'honneur, à la vertu, à la piété.

On peut d'après ses vers se former un type idéal du noble Mégarien à cette époque, se distinguant du vulgaire par la dignité de la tenue comme par la constance du caractère, fort d'une force intérieure qui lui fait accepter sans trouble les dons quels qu'ils soient de la divinité, résister à la bonne comme à la mauvaise fortune, sans joie excessive et sans bassesse, qui le défend contre l'amour de l'argent et contre les lâches suggestions de la pauvreté, qui enfin lui enseigne la *mesure*, ce dernier mot de la sagesse antique. Ni dans ses actes, ni dans ses paroles, il n'oublie jamais la convenance; il sait se taire, science ignorée de la foule : « Chez les sages, la nature a placé au fond du cœur et les yeux et la langue, et les oreilles et l'esprit. » Il ne se presse pas; mais, supérieur à une vaine agitation, il attend le moment favorable pour chaque chose, et reste toujours digne à l'égard du sort comme des hommes et des dieux. Ajoutons que par moment le poète embrasse d'une vue haute et générale le gouvernement moral du monde, et ose dicter à la Providence la loi équitable qui, contrairement à la foi traditionnelle, celle de Solon lui-même, abolit dans les familles l'hérédité de la faute et de la responsabilité. Tel est le progrès de la pensée religieuse qu'il consacre par des vers éloquents. Il devance même ses contemporains; car Pindare, plus jeune que lui, n'atteindra pas dans ses idées religieuses jusqu'à cette conception de la justice divine.

Nous avons de Théognis environ quatorze cents vers. C'est en réalité un recueil de fragments, et l'on peut affirmer qu'ils n'appartenaient pas à un seul poème. Le savant et ingénieux Welcker, dont l'excellente introduction a fait comprendre le rapport de ces vers avec les mœurs et l'histoire politique de Mégare, avait essayé de les ramener à un ordre logique, en dégageant l'œuvre primitive des additions et des interpolations qui se trouvent dans les manuscrits. Il est plus prudent de nous en tenir à ce que nous donne la transcription inintelligente des copistes anciens, tout en reconnaissant que leurs extraits rapprochent au hasard des ouvrages de diverse nature, les conseils à Cyrnus, des chants de banquet, des vers érotiques, des jeux d'esprit. La première cause de ce désordre fut sans doute le succès même qu'obtinrent de bonne heure les poèmes de Théognis, et, en particulier, les vers d'un caractère moral. Certaines parties, plus connues et plus souvent citées, se détachèrent du reste et furent recueillies dans les manuscrits courants. La traduction de M. Patin, que l'on donne ici, a été publiée après sa mort dans l'*Annuaire de l'Association pour l'encouragement des études grecques*. Comme ce travail remontait à une époque assez ancienne, il a fallu y introduire quelques modifications pour le mettre au courant des progrès de la critique. On a suivi, en général, pour cette revision, le texte donné par M. Ziegler en 1868. Cent cinquante-neuf vers, donnés par un seul manuscrit, qui est, il est vrai, le meilleur, manquent dans cette traduction. Ce sont des vers érotiques; et, comme ils ne portent pas la marque particulière de Théognis, ce qui est traduit suffit pour faire connaître le poète Mégarien sous ses aspects les plus originaux.

Jules Girard.

# SENTENCES
DE
# THÉOGNIS DE MÉGARE

TRADUIT PAR M. PATIN

de l'Académie française

---

Dieu puissant, enfanté par Latone, engendré par Jupiter, jamais je ne t'oublierai, que je commence, que je finisse. Toujours, au contraire, je te célébrerai, le premier, le dernier et au milieu de mes chants. A toi donc de m'entendre et de me favoriser (1-4).

Puissant Phébus, lorsque t'enfanta une vénérable déesse, Latone, lorsqu'embrassant de ses mains délicates le tronc du palmier, près du marais arrondi, elle fit naître en toi le plus beau des immortels, la grande Délos se remplit tout entière d'une odeur divine, la terre immense sourit, et, jusque dans ses abîmes, se réjouit la mer aux vagues blanchissantes (5-10).

Artémis, chasseresse divine, fille de Jupiter, qu'Agamemnon honora d'une statue, au temps où ses vaisseaux agiles allaient le porter vers Troie, entends mes vœux, écarte de moi les maux de la destinée. C'est peu pour toi, déesse; pour moi c'est beaucoup (11-14).

Je vous invoque, Muses et Grâces, filles de Jupiter, qui jadis, venues aux noces de Cadmus, fîtes enten dre, parmi vos chansons, cette belle parole : « Ce qui est beau, on l'aime ; ce qui n'est pas beau, on ne peut l'aimer. » Telle fut la parole qui vint sur vos lèvres divines (15-18).

Cyrnus, que ces vers où je vais t'instruire soient marqués d'un sceau, et qu'on ne puisse les dérober sans se trahir. Nul alors n'y changera le bien en mal. Chacun dira : « Ce sont là les vers de Théognis, le poète de Mégare, illustre parmi les hommes. » Non qu'il me soit encore donné de plaire à tous mes concitoyens : qu'y a-t-il là d'étonnant, Polypédès? Jupiter lui-même, soit qu'il fasse tomber la pluie, soit qu'il la retienne, ne contente pas tous les hommes (19-26).

Je vais, Cyrnus, t'adresser de bienveillants conseils, semblables à ceux que je reçus moi-même, encore enfant, des hommes de bien. Sois sage, et garde-toi de rechercher, par des actes honteux ou injustes, les honneurs, la puissance, la fortune. Voilà ce que tu dois apprendre d'abord. Ne fréquente point les mauvais ; ne t'attache qu'aux bons ; avec eux mange et bois, près d'eux seuls consens à t'asseoir ; cherche à plaire à ceux dont la puissance est grande. Des bons tu n'apprendras rien que de bon ; mais, si tu te mêles aux méchants, tu perdras même ce que tu avais de sens. Instruit par mes leçons, fréquente donc les hommes de bien, et tu diras un jour que je conseille utilement ceux que j'aime (27-38).

Cyrnus, cette ville est en travail ; je crains bien qu'elle n'enfante quelque redresseur de notre insolence. Elle a des citoyens encore retenus et réglés, mais des chefs qui tournent à l'iniquité et sont près d'y tomber (39-42).

Point de ville, Cyrnus, dont les hommes de bien aient causé la perte; mais celle où les méchants peuvent s'abandonner à la violence, corrompent le peuple, rendent injustement la justice, dans l'intérêt de leur fortune et de leur puissance, celle-là, n'espère pas qu'elle reste longtemps paisible, quand bien même elle serait maintenant en une paix profonde, du moment où des méchants s'y plaisent à ces gains coupables que suit le malheur public. De là, en effet, les dissensions, les querelles meurtrières. Je crains que cette ville n'accueille bientôt un monarque (43-52).

Cyrnus, notre ville est encore une ville, mais d'autres l'habitent qui jadis, sans connaissance de la justice et des lois, les flancs ceints d'une peau de chèvre, pâturaient hors de ses murs comme des cerfs. Et maintenant ce sont les bons; et les bons sont devenus méchants. Qui pourrait soutenir ce spectacle ? Ils se trompent mutuellement, ils se rient les uns des autres, n'ayant nulle idée du mal ni du bien (53-60).

D'aucun de ces citoyens, Polypédès, ne fais du fond du cœur ton ami, pour quelque avantage que ce soit. Parais l'ami de tous en paroles; mais, quand il s'agira d'affaires sérieuses, n'aie de communauté avec aucun. Tu apprendras à connaître le cœur de ces pervers, combien, dans les actes de la vie, ils méritent peu de confiance, hommes adonnés à la ruse, à la tromperie, au mensonge, perdus sans espoir (61-68).

Garde-toi bien, Cyrnus, de confier tes projets à un mauvais, au moment de prendre quelque grande résolution. Va demander le conseil d'un honnête homme, et, pour le rencontrer, ne crains pas de te donner beaucoup de peine, et de faire de tes pieds beaucoup de chemin (69-72).

Garde-toi de t'ouvrir de tes desseins à tous tes amis indifféremment. Bien peu, dans le nombre, ont un cœur fidèle (73-74).

C'est à peu d'hommes qu'il faut te confier pour les grandes entreprises, si tu ne veux, Cyrnus, t'exposer à un chagrin sans remède (75-76).

Un homme fidèle, il faut, Cyrnus, dans un temps de discordes, l'acheter au poids de l'or et de l'argent. (77-78).

Tu n'en trouveras pas beaucoup, Polypédès, qui se montrent, dans les conjonctures difficiles, des compagnons fidèles, qui, s'unissant de cœur à un ami, osent accepter le partage et des biens et des maux. Même en cherchant dans tout le monde, tu n'en trouveras pas tant qu'un seul vaisseau ne puisse les contenir tous, de ces hommes dont la langue et les yeux sont le siège de la pudeur, que l'amour du gain n'entraîne à rien de honteux (79-86).

Ne me chéris pas en paroles tandis que tes pensées sont ailleurs, si tu m'aimes vraiment, si tu portes un cœur fidèle (87-88).

Il faut, ou m'aimer d'une affection pure ou me haïr franchement, me déclarant une guerre ouverte. L'homme au cœur double, avec une seule langue, est un associé dangereux qu'il vaut mieux, Cyrnus, avoir pour ennemi que pour ami (89-92).

Celui qui te loue seulement lorsqu'il est sous tes yeux, et qui, hors de ta présence, dirige contre toi les traits de sa langue médisante, n'est pas un bien bon ami. Il ne l'est pas non plus, celui dont le langage est bienveillant et les pensées tout autres. Je veux un ami qui, connaissant les défauts de l'homme auquel il s'attache, le supporte comme un frère. Médite là-dessus, ô mon ami, et quelque jour tu te souviendras de moi (93-100).

Ne te laisse persuader par personne, Cyrnus, de prendre un méchant pour ami. De quel avantage te serait l'amitié d'un tel homme? il ne te sauverait point de la peine, de la ruine; ce qu'il y aurait de bien, il ne t'en ferait point part. Celui qui oblige des méchants, compterait vainement sur leur reconnaissance. Autant vaudrait ensemencer les blanches vagues de la mer. Ni la semence dans la mer ne peut produire les riches moissons, ni le bien fait aux méchants rapporter un bien pareil. Les méchants ont un cœur insatiable. Qu'on leur refuse une seule chose, et tous les bienfaits d'autrefois s'échappent de leur âme ingrate. Pour les hommes de bien, ils se sentent comblés par un bienfait; ils en gardent la mémoire, ils s'en montrent plus tard reconnaissants (101-112).

Il ne faut jamais faire d'un méchant son ami; il faut le fuir constamment, comme un port dangereux (113-114).

On ne manque pas de compagnons pour manger et pour boire; mais, pour les choses sérieuses, on en trouve beaucoup moins (115-116).

Rien de difficile à connaître comme un homme aux fausses couleurs; rien, Cyrnus, ne demande plus de prudence (117-118).

De l'or, de l'argent faux causent une perte légère et dont l'homme avisé se garde facilement. Mais si un ami cache dans son sein une âme trompeuse, un cœur artificieux, c'est la fraude la plus perfide par laquelle Dieu ait voulu abuser les mortels; il n'en est pas de plus pénible à pénétrer. On ne peut là-dessus former de conjecture vraisemblable; trop souvent notre esprit est dupe de l'apparence (119-128).

Ne souhaite point, Polypédès, d'exceller par la puissance, par la richesse. Il suffit à l'homme d'un peu de bonne fortune (129-130).

Rien ne vaut, Cyrnus, un père, une mère, pour ceux qui ont souci de la sainte justice (131-132).

Nul, Cyrnus, ne doit s'attribuer à lui-même ni la perte ni le gain: des dieux viennent l'un et l'autre. Point d'homme qui puisse savoir d'avance quelle est la fin, bonne ou mauvaise, de son travail. Souvent, croyant produire le bien, on amène le mal. Rien n'arrive, à qui que ce soit, comme il l'a voulu; il rencontre sur sa route la borne de l'impossible. Nous n'avons, faibles humains, que de vaines imaginations, point de connaissance réelle. Aux dieux seuls il appartient de tout accomplir selon leur volonté (133-142).

Nul mortel, Polpypédès, lorsqu'il trompe un hôte, un suppliant, ne peut échapper à l'œil des immortels (143-144).

Préfère une vie honnête, dans une fortune médiocre, à des richesses injustement acquises. La justice comprend en soi toutes les vertus. Celui-là est bon, Cyrnus, qui est juste (145-148).

Un dieu peut accorder des richesses au plus méchant des hommes; mais la vertu, Cyrnus, est le partage d'un bien petit nombre (149-150).

Un esprit porté à la violence est, Cyrnus, le premier don que fasse la divinité à l'homme dont elle ne veut faire aucun état (151-152).

La violence, c'est la satiété qui l'engendre, lorsque l'opulence échoit à un homme méchant et d'un esprit peu sain (153-154).

Qu'il ne t'arrive jamais de reprocher à quelqu'un, dans ta colère, la pauvreté, l'indigence qui l'affligent.

Jupiter incline sa balance, tantôt d'une façon, tantôt de l'autre; tantôt pour qu'on soit riche, tantôt pour qu'on ne possède rien (155-158).

Que jamais, Cyrnus, il ne t'échappe d'orgueilleuse parole. Nul homme ne sait ce que lui apporte la nuit qui vient, le jour prochain (159-160).

Beaucoup, sans prudence dans leurs conseils, ont pour eux la fortune, et ce qui semblait devoir les perdre leur tourne à bien. D'autres, qui n'ont que des vues raisonnables avec des dieux contraires, se travaillent en vain; ils n'amènent point à bonne fin leurs entreprises (161-164).

Nul, parmi les hommes, n'est riche ou pauvre, bon ou mauvais, sans la volonté des dieux (165-166).

Les maux varient, mais, à vrai dire, le bonheur ne se rencontre chez aucun de ceux que voit le soleil (167-168).

Celui que les dieux protègent, est loué même de l'envieux. L'homme par lui-même n'obtient aucune estime (169-170).

Adresse tes prières aux dieux, dont la puissance est souveraine : sans les dieux, il n'est pour les hommes ni biens, ni maux (171-172).

Ce qui abat, ce qui dompte plus que toute chose, plus que la vieillesse chenue, que la maladie, l'homme de bien, c'est, Cyrnus, la pauvreté. Il faut la fuir, la jeter dans les flots profonds, la précipiter du haut des rochers escarpés. L'homme qu'a dompté la pauvreté, ne peut ni parler, ni agir; sa langue est enchaînée (173-178).

Il faut chercher sans relâche, sur la terre, sur le large dos de la mer, ce qui peut, Cyrnus, nous dégager des liens pénibles de la pauvreté (179-180).

La mort, cher Cyrnus, vaut mieux pour le pauvre que la vie avec le supplice de sa pauvreté (181-182).

Nous recherchons, Cyrnus, des béliers, des ânes, des chevaux de bonne race, pour qu'ils nous donnent des rejetons qui leur ressemblent. Mais l'homme bien né ne refuse pas de prendre pour femme la fille d'un vilain, si elle lui apporte beaucoup de bien. Point de femme, non plus, qui ne consente à devenir l'épouse d'un vilain, s'il est riche, qui ne préfère l'homme opulent à l'honnête homme. On ne fait cas que des richesses; l'homme de bien prend femme dans la maison du méchant, le méchant dans la maison de l'homme de bien. La richesse confond les races. Ne t'étonne donc point, Polypédès, que l'espèce s'altère chez nos concitoyens, puisque le mauvais s'y mêle au bon (183-192).

Voilà un homme qui connaît cette femme pour mal née, et ne l'en conduit pas moins dans sa maison, séduit par la richesse qu'elle possède; il est illustre et s'associe à son ignominie; car la puissante nécessité l'arme de courage, la nécessité qui donne l'audace à l'esprit de l'homme (193-196).

L'homme qui jouit, par la faveur de Jupiter, de richesses justement acquises, les possède jusqu'au bout sans atteinte. Mais celui qui, dans sa cupidité, s'enrichit par des moyens injustes, ravissant à l'aide de faux serments le bien d'autrui, celui-là paraît gagner d'abord, mais il perd à la fin : la volonté des dieux est plus forte que lui. Ce qui abuse les hommes, c'est que les dieux ne punissent pas sur-le-champ leurs criminelles pratiques. Mais l'un paye lui-même la dette funeste qu'il a contractée envers eux, sans laisser le châtiment suspendu sur la tête de ses enfants;

l'autre n'est pas saisi par la justice vengeresse, parce qu'auparavant la mort avide vient appesantir ses paupières et hâter pour lui le moment fatal (197-208).

Point d'ami, de compagnon fidèle pour l'exilé ; voilà ce qu'il y a de plus cruel dans l'exil (209-210).

Boire beaucoup de vin est mal ; mais pour celui qui en boit avec modération, le vin n'est pas un mal, mais un bien (211-212).

Sache, Cyrnus, plier ton caractère à celui de tes divers amis ; prends l'esprit de chacun. Imite l'adresse du polype, qui se donne apparence de la pierre à laquelle il s'attache. Change à propos de voie ou de couleur. Cette facilité de mœurs est sagesse (213-218).

Ne te laisse point trop aller à la passion, Cyrnus, quand le trouble est dans la ville ; suis comme moi le milieu du chemin (219-220).

Celui qui croit à la simplicité du prochain, se regardant lui-même comme seul habile, celui-là est déraisonnable, privé de sens. Nous en savons tous, en effet, autant les uns que les autres. Mais il en est qui ne recherchent point les gains coupables ; il en est, au contraire, qui se plaisent à la tromperie (221-226).

Point de terme à la richesse dans l'esprit des hommes. Ceux qui ont le plus de quoi vivre, veulent arriver au double. Qui pourrait les rassasier tous ? Le désir d'être riche devient, chez les mortels, une folie. Mais de cette folie naît le malheur, envoyé par Jupiter aux mortels accablés, tantôt à l'un, tantôt à l'autre (227-232).

L'homme de bien, qui est, pour le peuple insensé, comme une citadelle, un rempart, n'en obtient, Cyrnus, que peu d'honneurs (233-234).

Tout signe de salut a disparu de chez nous; tout y est au contraire, comme dans une ville qui va périr (235-236).

Je t'ai donné des ailes qui te porteront, d'un vol facile, au-dessus de la mer sans limites, par toute la vaste terre. Tu seras de tous les festins, où ton nom volera sur les lèvres des hommes. Aux doux accords des flûtes, dans un beau et harmonieux langage, les jeunes gens aimables, au milieu de fêtes brillantes, chanteront tes louanges. Et quand, par un chemin ténébreux, tu seras descendu sous la terre, dans la triste demeure de Pluton, jamais, tout mort que tu seras, tu ne perdras ta gloire; tu conserveras chez les hommes un nom immortel, ô Cyrnus, voyageant dans la Grèce et dans ses îles, au delà des déserts de la mer poissonneuse, non sur le dos des coursiers, mais par le glorieux bienfait des Muses couronnées de violettes. Chez tous ceux, en effet, même des générations futures, qui aimeront les vers, tu seras chanté tant que subsisteront la terre et le soleil. Cependant je ne puis obtenir de toi quelque peu d'égards; tu m'abuses de vaines paroles, comme un enfant (237-254).

Le plus beau, c'est le plus juste; rien de meilleur que de se bien porter; de plus agréable que de posséder ce qu'on aime (255-256).

Je suis une cavale, belle, ardente à la course; mais celui que je porte ne vaut rien, et c'est là une dure chose. Bien souvent j'ai pensé à rompre mon frein et à fuir, après avoir précipité ce méchant conducteur (257-260).

Je ne bois plus de vin, depuis que règne près de ma jeune maîtresse un homme, qui vaut bien moins que moi. Ses parents près d'elle boivent une onde fraîche, et elle, leur versant, ne me supporte qu'en gémissant. J'ai cependant serré dans mes bras le corps de la jeune fille, j'ai baisé son cou, tandis que sa bouche m'adressait de douces paroles (261-266).

On connaît la pauvreté, bien qu'étrangère ; elle n'ose venir sur la place ni au tribunal ; partout où elle paraît, elle a le désavantage ; partout elle est méprisée, partout odieuse (267-270).

Les dieux ont également réparti entre les hommes mortels toutes choses, et la triste vieillesse et la jeunesse. Mais ce qu'il y a de pire pour l'homme, de plus fâcheux que la mort, que toutes les maladies, c'est, après avoir nourri ses enfants, les avoir pourvus de tout le nécessaire, avoir remis en leur main le bien acquis par tant de peines, qu'ils haïssent leur père, qu'ils souhaitent sa fin, qu'ils aient en horreur sa venue, comme celle du mendiant importun (271-278).

Il est naturel que le méchant outrage la justice, sans supporter dans l'avenir aucun châtiment de la part des dieux. Au méchant il est loisible de se charger de nombreux crimes dans le présent et de se figurer qu'il arrange tout pour le mieux (279-282).

N'avance pas le pied par confiance dans qui que ce soit de tes concitoyens, dans son serment ni dans son amitié, quand bien même, voulant donner des gages sûrs de sa foi, il attesterait le roi des dieux, le grand Jupiter (283-286).

Dans une ville si médisante rien ne plaît ; mais cette foule est trop misérable pour trouver le salut (287-288.)

Le mal des bons est devenu le bien des méchants, et ceux-ci gouvernent par la violence. La pudeur a péri, l'impudence et l'injure ont triomphé de la justice et possèdent toute la terre (289-292).

Le lion lui-même n'a pas toujours de la chair pour se nourrir ; il peut lui arriver malgré sa force, de se trouver dans l'impuissance (293-294).

Pour un grand parleur, le silence est un accablant fardeau ; mais s'il parle, c'est en ignorant, et il est lui-même bien à charge à sa compagnie. Tous le haïssent, et c'est un ennui insupportable que la société d'un tel homme dans un repas (295-298).

L'homme auquel il arrive malheur, nul, Cyrnus, ne veut plus être son ami, pas même celui qui est sorti du même sein (299-300).

Mêle l'âpreté à la douceur ; sois gracieux et dur pour tes esclaves, tes serviteurs, tes plus proches voisins (301-302).

Il ne faut point agiter une vie heureuse; il faut la garder paisible : mais une vie malheureuse a besoin de mouvement, jusqu'à ce qu'on l'ait amenée à quelque chose de mieux (303-304).

Les méchants ne sont pas tout à fait méchants dès le ventre de leur mère, mais après qu'ils ont fait amitié avec des méchants. Ils apprennent les actes coupables, les paroles injurieuses, la violence, croyant que ceux-ci ne disent que la vérité (305-308).

Avec tes compagnons de table, conduis-toi en homme de sens ; parais ne rien voir, comme si tu étais absent; apporte ta part de gaieté et ne reprends ta sagesse qu'à la porte, connaissant les sentiments de chacun (309-312).

Avec les fous, je sais m'abandonner à la folie ; avec les justes, je suis juste plus qu'aucun autre homme (313-314).

Beaucoup de méchants sont riches, tandis que beaucoup d'hommes de bien sont pauvres; je ne changerais pas ma vertu contre leur richesse; la vertu demeure toujours; la richesse passe d'un homme à l'autre (315-318).

Cyrnus, l'homme de bien a l'âme toujours ferme; il est fort, et dans l'infortune et dans la prospérité. Mais si la divinité envoie à un méchant l'abondance et la richesse, il perd le sens et ne peut maîtriser son mauvais naturel (319-322).

Ne va pas, Cyrnus, pour de légers motifs, perdre un ami, prêtant trop facilement l'oreille aux méchants discours. Si l'on s'irrite des moindres défauts de ses amis, plus d'accord ni d'amitié possible. Les fautes sont attachées à la condition des mortels; aux dieux seuls il convient de ne les point souffrir (323-328).

Le sage, quelque lent qu'il soit, atteint l'homme le plus agile, Cyrnus, lorsque dans cette poursuite, il a avec lui la justice des dieux immortels (329-330).

Paisible, comme je le suis, pose le pied sur le milieu du chemin, et ne gratifie pas les uns, Cyrnus, de ce qui appartient aux autres (331-332).

N'embrasse pas, Cyrnus, dans l'espérance d'en tirer avantage, un exilé : de retour chez lui, ce n'est plus le même homme (333-334).

Point de hâte; le milieu en tout est le meilleur : de cette manière, Cyrnus, tu posséderas la vertu, si difficile à obtenir (335-336).

Que Jupiter m'accorde, Cyrnus, de pouvoir récompenser ceux qui m'aiment, et de prévaloir sur mes ennemis, de paraître ainsi un dieu parmi les hommes, m'étant acquitté envers tous, avant que me saisisse la Parque fatale (337-340).

Accomplis mes vœux, il en est temps, ô roi de l'Olympe, Jupiter; à moi aussi accorde, en échange de mes maux, un peu de bien. Que je meure, si je ne dois pas attendre de toi quelque relâche à mes peines, si tu ne m'envoies que des douleurs, après des douleurs. Car tel est mon destin : je ne vois point venir le châtiment de ceux qui possèdent mes biens, qui les ont ravis par la violence ; et moi, comme le chien, j'ai tout laissé dans le torrent à grand'peine traversé. Puissé-je boire leur sang, puisse un génie favorable me venir en aide et accomplir ce que souhaite mon âme (341-350) !

Ah ! méchante pauvreté, pourquoi tardes-tu à me quitter pour en aller trouver un autre? Pourquoi m'aimes-tu, moi qui ne te puis souffrir? Va-t'en, va visiter une nouvelle demeure; cesse de partager ma misérable existence (351-354).

Cyrnus, tu t'es réjoui dans la prospérité ; sois courageux dans l'infortune, puisque le sort a voulu qu'elle te fût aussi connue. Tu as passé du bien au mal ; fais effort pour en sortir, en invoquant les dieux (355-358).

Ne te répands pas en plaintes, Cyrnus ; quand tu te plains, tu en trouves peu qui s'inquiètent de ton malheur (359-360).

Le cœur de l'homme se contracte, quand il a souffert une injure, et se dilate de nouveau, quand il s'est vengé (361-362).

Aie l'art de caresser ton ennemi; mais, quand il sera sous ta main, punis-le, sans chercher de prétexte (363-364).

Modère ta passion, que ton langage ait toujours la douceur du miel. Ce sont les méchants dont le cœur a le plus d'âcreté (365-366).

Je ne comprends rien aux sentiments de nos concitoyens. Que je fasse bien ou mal, je ne puis leur plaire. Beaucoup me blâment, tant mauvais que bons : mais nul n'est capable de m'imiter, de ces gens qui n'ont pas la sagesse (367-370).

Ne m'attelle pas de force au char, Cyrnus ; ne m'attire pas violemment à l'amour (371-372).

Jupiter, je t'admire. Tu commandes à tous, ayant pour toi l'honneur et la puissance ; tu connais le cœur, tu pénètres les sentiments de chacun ; ton empire, roi du ciel, est souverain. Mais comment, fils de Saturne, peux-tu te résoudre à traiter également l'homme criminel et le juste, celui dont l'âme incline à l'honnêteté, et celui qui préfère la violence, les actes d'iniquité (373-380) ?

Point de distinction nette établie par la divinité pour les hommes ; point de chemin que l'on puisse suivre avec l'assurance de plaire aux immortels (381-382).

... Cependant ces hommes jouissent d'une inaltérable prospérité. D'autres tiennent leur cœur éloigné des actions mauvaises ; et cependant, malgré leur amour pour la justice, ils subissent la pauvreté, mère de l'impuissance, qui pousse l'esprit des hommes à l'erreur, qui livre, en leur sein, leurs pensées aux trop puissantes atteintes de la nécessité. Ils supportent alors, malgré eux, bien des hontes, enchaînés par le besoin, qui enseigne le mal aux plus rebelles, les mensonges, les ruses, les querelles funestes. Le mal répugne à leur nature ; mais le besoin engendre la dure impuissance (383-392).

C'est dans la pauvreté, quand le besoin les presse, que le méchant et l'homme de bien se décèlent.

L'esprit de l'un médite l'injustice, et dans son cœur ne se maintiennent pas des pensées droites. L'esprit de l'autre ne dépend ni des maux ni des biens. L'honnête homme doit savoir supporter les uns et les autres (393-398).

Respecte tes amis, garde-toi des serments perfides, évite d'attirer la colère des immortels (399-400).

Point d'ardeur précipitée ; l'occasion, voilà ce qui vaut le mieux pour les œuvres des hommes. Souvent se hâte vers le succès un homme avide de gain et de puissance, et la divinité s'empresse de le précipiter dans quelque grande erreur ; elle n'a pas de peine à lui faire paraître bon ce qui est mauvais, nuisible ce qui est utile (401-406).

Tu étais de mes amis les plus chers, et tu as failli ; la faute n'en est pas à moi, mais à toi, à qui n'était point échue une âme raisonnable (407-408).

Tu ne pourrais, Cyrnus, laisser à tes enfants de trésor plus précieux que cette pudeur qui accompagne l'homme de bien (409-410).

Nul parmi les hommes, Cyrnus, ne vaut mieux que le compagnon qui possède à la fois le jugement et la puissance (411-412).

Jamais, en buvant, je ne me laisserai troubler, emporter par le vin, au point de proférer contre toi des paroles fâcheuses (413-414).

En vain je cherche, je ne puis trouver d'homme qui me ressemble, qui soit comme moi ami fidèle, chez qui ne se rencontre pas le dol. Mis à l'épreuve par le commerce des méchants, comme l'or par le frottement du plomb, je me trouve avoir une âme de nature meilleure (415-418).

Bien des choses que je comprends m'échappent ;

mais je connais votre force, et sais garder un silence nécessaire (419-420).

Chez nombre d'hommes la langue n'a point de portes bien ajustées ; ils s'occupent sans cesse de ce qui ne devrait point les occuper. Mieux vaudrait, le plus souvent, renfermer en soi-même le mauvais; il vaut mieux laisser sortir le bien que le mal (421-424).

De tous les biens, le plus souhaitable pour les habitants de la terre, c'est de n'être point né, de n'avoir jamais vu les éclatants rayons du soleil ; ou bien, ayant pris naissance, de passer le plus tôt possible par la porte de Pluton, de reposer, profondément enseveli sous la terre (425-428).

Engendrer, nourrir un homme est plus facile que de mettre en lui une bonne âme. Nul encore n'a eu cette science, n'a pu changer en sage un insensé, et en bon un méchant. Si les fils d'Esculape avaient reçu de la divinité le don de guérir la méchanceté, de redresser les inclinations perverses, que de riches récompenses n'eussent-ils point obtenues ! Et si la raison était chose qu'on pût créer chez l'homme, qu'on pût y faire entrer, jamais un père, homme de bien, n'aurait un fils qui demeurât méchant, qui ne cédât à la sagesse de ses discours. Mais toutes vos leçons ne feront jamais d'un méchant un homme de bien (429-438).

Insensé qui prend mon esprit sous sa garde, sans se soucier de garder le sien (439-440) !

Nul n'est heureux en toutes choses, mais l'homme de bien sait supporter le mal et le cacher. Pour le méchant, ni dans l'infortune, ni dans la prospérité, il n'est maître de son âme. Des immortels viennent aux mortels des dons de toutes sortes. Acceptons ce qu'ils nous envoient (441-446).

Si tu répands l'eau sur ma tête, toujours elle en découlera limpide et sans souillure. En toutes mes actions tu me trouveras semblable à l'or qui a passé par le creuset, dont le frottement de la pierre de touche fait briller le rouge éclat, à la surface duquel ne s'attachent point les noires taches de la rouille, qui parait toujours pur et dans sa fleur (447-452).

S'il t'était échu, ô homme, une part de raison au lieu d'une part de démence, que tu fusses né sage aussi bien que tu naquis insensé, tu paraîtrais maintenant à beaucoup de tes concitoyens autant digne d'admiration et d'envie, qu'ils te jugent indigne d'estime (453-460).

Une jeune femme ne convient pas à un vieux mari : c'est une barque qui n'obéit point au gouvernail, que ne fixe point l'ancre, qui rompt son câble, et s'en va souvent la nuit chercher un autre port (457-460).

Ne dirige point ta pensée et ton désir vers ce qui ne se peut faire, vers ce qui ne peut avoir d'effet (461-462).

Sans doute, les dieux ont mis à ta portée des actes faciles, qui ne sont ni mauvais ni bons ; mais par la peine seulement s'obtient la gloire (463-464).

Travaille pour la vertu, que la justice te soit chère, que l'amour d'un gain honteux ne te subjugue pas (465-466).

Ne retiens pas parmi nous celui qui veut sortir, ne renvoie pas celui qui veut rester ; ne réveille pas, ô Simonide, celui que par l'effet du vin un doux sommeil aura surpris ; ne contrains pas, non plus, celui qui est bien éveillé d'aller dormir malgré lui : tout ce qu'on fait de force déplaît. Quelqu'un veut-il boire, qu'on se tienne auprès de lui pour remplir sa coupe. Toutes les nuits ne revient pas l'occasion de se réjouir. Pour moi, qui mets des bornes au plaisir du vin, je me souviendrai du sommeil, soulagement de nos maux, et m'en retournerai chez moi. Je n'en montrerai pas moins que le vin offre à l'homme un bien agréable breuvage, car je ne suis ni sobre ni intempérant. L'homme qui boit outre mesure ne gouverne plus sa langue ni son esprit. Il tient des discours sans fin, dont rougissent les sages. Il n'a honte d'aucune action, dans son ivresse. De sage qu'il était, il est devenu insensé. Sache cela et garde-toi de boire avec excès : avant que vienne l'ivresse, lève-toi, de peur que ton ventre ne t'asservisse, ne fasse de toi comme un méchant esclave. Ou bien, si tu restes à table, abstiens-toi de boire. Mais toi, tu as toujours à la bouche ce misérable mot : « Verse. » Aussi tu t'enivres : il faut boire en l'honneur de l'amitié, ou pour répondre à un défi, ou pour offrir une libation aux dieux, ou parce que tu as la coupe à la main ; et toi, tu ne sais pas refuser. Le buveur indomptable est celui qui, ayant vidé force coupes, ne fera point entendre de vaines paroles. Amis, autour du cratère qui vous rassemble, ne tenez que des discours convenables ; éloignez de vous la dispute ; que l'entretien soit général, pour chacun et pour tous : de cette manière, un repas ne manque pas d'agrément (467-496).

Le vin agit également sur le fou et sur le sage : bu sans règle, il leur rend l'esprit léger (497-498).

Si c'est par le feu que les habiles éprouvent l'or et l'argent, c'est par le vin qu'est mis à l'épreuve l'esprit de l'homme, et même de l'homme sensé ; quand il boit sans mesure, il se couvre de honte, lui qui auparavant était sage (499-502).

Le vin m'appesantit la tête, Onomacrite ; il me violente, je ne dispose plus de ma pensée, je vois la maison courir autour de moi. Allons, je vais me lever, je veux savoir s'il est maître de mes pieds, maître de mon esprit dans mon sein. J'ai bien peur que, dans cet état, je ne fasse quelque chose de déraisonnable et dont j'aie à rougir (503-508).

Le vin, bu en abondance, est un mal ; bu avec modération, ce n'est pas un mal, c'est un bien (509-510).

Tu es venu, Cléariste, à travers la vaste mer, ici, chez qui n'a rien, n'ayant rien toi-même, ô malheureux ! Je placerai cependant dans les flancs de ton vaisseau, au-dessous des bancs des rameurs, ce que je pourrai, ce que me permettent les dons des dieux. Ce qu'il y a de meilleur, je te le donnerai ; et s'il me vient encore un de tes amis : « Repose dans ma maison, lui dirai-je, selon le droit de l'amitié. » Je ne réserverai rien de ce que je possède ; mais je n'irai pas non plus, pour m'acquitter du devoir de l'hospitalité, chercher ailleurs quelque chose de mieux. Que si l'on te demande comment je vis, tu peux répondre : « Pauvrement, auprès de la vie des riches, et richement, auprès de la vie des pauvres ; assez pour ne pas repousser un hôte de ma famille, pas assez pour en recevoir plus d'un (511-522). »

Ce n'est pas sans raison, ô Plutus, que t'honorent au-dessus de tous les dieux les mortels ; par toi la peine se supporte facilement (523-524).

Il convient aux gens de bien de posséder la richesse, comme aux méchants d'avoir à souffrir la pauvreté (525-526).

Je pleure, hélas! sur ma jeunesse, sur ma triste vieillesse ; sur celle-ci, parce qu'elle vient; sur celle-là, parce qu'elle s'éloigne (527-528).

Je n'ai jamais manqué de foi à un ami, à un compagnon fidèle; je n'ai rien en l'âme de servile (529-530).

Mon cœur s'égaye aussitôt que les flûtes font entendre leurs agréables sons (531-532).

Je me réjouis quand je bois, quand j'unis ma voix aux accords du joueur de flûte ; je me réjouis quand je tiens en main la lyre harmonieuse (533-534).

Jamais tête d'esclave ne s'est tenue droite; l'esclave a toujours la tête et le cou penchés. Ce n'est pas de la scille que naissent la rose, l'hyacinthe; ce n'est pas d'une femme dans la servitude que peut naître un fils généreux (535-538).

Cet homme, cher Cyrnus, forge ses propres fers, à moins, toutefois, que les dieux n'égarent ma pensée (539-540).

Je crains bien, Polypédès, que cette ville ne périsse par l'injure, qui perdit les sauvages Centaures (541-542).

Dans le jugement de ce procès, il me faut employer, Cyrnus, la règle et le compas, donner aux deux parties ce qui leur revient, recourir à la fois aux devins, aux oiseaux et aux autels brûlants, afin d'éviter la honte de l'erreur (543-546).

N'use jamais, envers personne, de violence, de mauvais traitements : pour l'homme juste, rien ne vaut la puissance des bienfaits (547-548).

Un messager muet éveille la guerre lamentable, ô Cyrnus, apparaissant tout à coup sur un lointain sommet. Mets donc le mors aux chevaux rapides ; car je crois qu'ils rencontreront les ennemis. Peu d'espace les en sépare ; ils l'auront bientôt franchi, si les dieux n'égarent pas ma pensée (549-554).

Il faut, dans les difficultés, dans les disgrâces, que l'homme de cœur se raidisse et demande aux dieux sa délivrance (555-556).

Prends garde : ton sort est sur le tranchant du rasoir ; une fois tu auras beaucoup ; une autre fois tu auras moins (557-558).

Le meilleur est de n'être ni pourvu de richesses très abondantes, ni réduit à une grande pauvreté (559-560).

Puissé-je des biens de mes ennemis posséder moi-même une part et donner tout le reste à mes amis (561-562) !

Il est bon d'être invité à un repas, de s'y asseoir auprès d'un homme honnête et consommé dans la sagesse, afin de profiter de ses utiles discours, et de s'en retourner chez soi avec ce bénéfice (563-566).

Je goûte les joies de la jeunesse ; assez longtemps je reposerai sous la terre, privé de vie, comme une pierre muette. Je quitterai l'aimable lumière du soleil; si bon que j'aie été, je ne verrai plus nulle chose (567-570).

L'opinion est pour les hommes un grand mal ; l'expérience, un précieux avantage. Beaucoup jugent des biens d'après l'opinion, non d'après l'expérience (571-572).

Fais du bien, et l'on t'en fera. Pourquoi chercher un autre message ? Le bienfait s'annonce assez de lui-même (573-574).

Ce sont mes amis qui me trahissent ; car je fuis un

ennemi, comme le pilote les écueils de la mer (575-576).

Il est plus facile de faire d'un bon un méchant, que d'un méchant un bon. Ne prends pas la peine de m'instruire ; je ne suis plus dans l'âge d'apprendre (577-578).

Je hais l'homme méchant, je passe près de lui cachée sous mon voile, avec le cœur léger d'un petit oiseau (579-580).

Je hais la femme vagabonde et l'homme audacieux qui veut labourer le champ d'autrui (581-582).

Mais, pour ce qui est passé, il est impossible que ce ne soit pas ; c'est pour ce qui peut venir, qu'il faut se mettre en garde (583-584).

Toutes les entreprises ont leur danger, et personne ne sait, au début, où il doit arriver. L'un, qui cherche la gloire, tombe par imprudence dans une grave infortune ; l'autre agit mal, et les dieux disposent autour de lui toutes choses, lui accordent le bon succès, le font échapper à sa folie (585-590).

Il faut que les mortels se soumettent à ce que leur imposent les dieux, qu'ils portent facilement l'une et l'autre fortune (591-592).

Ne te hâte pas, ou de te désespérer dans l'infortune, ou de t'abandonner à la joie dans la prospérité, avant d'avoir vu la fin (593-594).

Soyons compagnons, ô homme, mais de loin. Hors l'argent, on se lasse de toute chose (595-596).

Restons longtemps amis, mais ne laisse pas d'en fréquenter d'autres qui connaissent mieux que moi tes sentiments (597-598).

Tu ne m'as point surpris, quand, par un chemin depuis longtemps fréquenté de toi, tu es venu dérober notre amitié. Puisses-tu périr, ennemi des dieux, mortel sans foi, dont le sein recélait un serpent aux froides écailles, aux couleurs changeantes (599-602) !

Si les Magnésiens ont péri, c'est par des œuvres de violence, comme celles auxquelles appartient aujourd'hui cette ville sacrée (603-604).

Bien plus d'hommes ont dû leur perte à la satiété qu'à la faim, voulant avoir au delà de leur part (605-606).

Au commencement, le mensonge donne une petite satisfaction; à la fin, il ne procure qu'un gain tout ensemble honteux et funeste. C'est une laide chose pour un homme que le mensonge l'accompagne et soit toujours prêt à sortir de sa bouche (607-610).

Ce n'est pas chose difficile que de blâmer autrui ni de se louer soi-même. A cela s'occupent volontiers ces hommes méprisables qui ne peuvent se taire, dont la langue méchante se répand en méchants discours. L'homme de bien sait en toutes choses garder la mesure (611-614).

Point d'homme absolument bon et modéré, parmi ceux que voit aujourd'hui le soleil (615-616).

Il s'en faut que tout réussisse au gré de nos désirs; les immortels, en effet, sont bien plus puissants que les mortels (617-618).

Je vis dans les angoisses, dans la tristesse, ne pouvant franchir l'âpre sommet de la pauvreté (619-620).

Chacun honore le riche, chacun méprise le pauvre. Tous les hommes pensent de même (621-622).

Il y a chez les hommes des misères de toutes sortes; il y a aussi toutes sortes d'avantages et de moyens de vivre (623-624).

Il est difficile que le sage, parmi des insensés, parle beaucoup ou se taise toujours ; ceci est une chose impossible (625-626).

Il est honteux qu'un homme ivre se rencontre avec des hommes sobres ; il est honteux aussi qu'un homme sobre demeure avec des hommes ivres (627-628).

La jeunesse rend la raison légère et jette souvent le cœur de l'homme dans l'erreur (629-630).

Celui chez qui la raison n'est pas plus forte que la passion passe sa vie, Cyrnus, dans les maux et dans de tristes difficultés (631-632).

Réfléchis deux et trois fois sur ce qui te vient à l'esprit. L'homme impétueux est sujet aux accidents funestes (633-634).

La sagesse, la pudeur accompagnent les gens de bien, qui, vraiment, sont aujourd'hui dans la foule le petit nombre (635-636).

L'espérance et le danger, pour les hommes, c'est même chose ; deux divinités également redoutables (637-638).

Souvent, contre l'attente et l'espérance, trouvent une issue favorable les actes des hommes, tandis qu'aux prudents conseils ne répond pas toujours la fin (639-640).

Tu ne pourrais savoir qui te veut du bien, qui est ton ennemi, s'il ne se présentait quelque grave occasion (641-642).

Beaucoup deviennent amis à l'entour du cratère ; mais, quand il s'agit de choses graves, bien peu (643-644).

Des aides fidèles, tu en trouveras peu parmi tes amis, quand tu seras dans l'embarras et dans la peine (645-646).

Il n'y a plus chez les hommes de pudeur, mais partout sur la terre se montre l'imprudence (647-648).

Méchante pauvreté, pourquoi, pesant sur mes épaules, déshonores-tu et mon corps et mon âme? Tu m'enseignes, de force, malgré ma répugnance, bien des choses honteuses, à moi qui sais ce qui parmi les hommes est bon et honnête (649-652).

Puissé-je être heureux, Cyrnus, aimé des dieux immortels! Je ne tiens à nulle autre vertu (653-654).

Quand tu éprouves quelque malheur, Cyrnus, nous nous affligeons tous avec toi; sache pourtant que l'intérêt d'autrui est chose éphémère (655-656).

Point d'excès de douleur dans la disgrâce, de joie dans la bonne fortune : il est d'un homme de bien de savoir porter toutes choses (657-658).

Point de serment comme celui-ci : jamais cette chose ne sera; les dieux s'en irritent, eux par qui tout s'accomplit. Ne jure pas non plus de faire une chose. On a vu du mal sortir le bien, du bien le mal; le pauvre s'enrichir tout à coup, celui qui possédait perdre tout en une seule nuit; le sage faillir, l'insensé rencontrer la gloire, l'honneur même échoir au méchant (659-666).

Si j'avais du bien, Simonide, ce que je sais, je ne le tairais point dans la compagnie des honnêtes gens; mais je ne vois rien, quoique je comprenne. L'indigence m'a rendu muet; et cependant je sais mieux que bien d'autres que la tempête nous emporte, nos voiles blanches abaissées, hors de la mer de Mélos, pendant la nuit ténébreuse; et nul ne veut travailler à vider le vaisseau, quand les flots s'élèvent des deux côtés au-dessus du bord : qui pourra échapper au naufrage? Ils dorment cependant; ils ont retiré le gouvernail au pilote, un pilote habile qui dirigeait sagement. On ravit violemment les richesses; l'ordre est détruit; il n'y a plus de partage équitable; ce sont les portefaix qui commandent, les méchants qui l'emportent sur les bons. Oh! je crains bien que les vagues n'engloutissent le vaisseau. Voilà ce que j'adresse, sous le voile de l'énigme, aux honnêtes gens; le méchant, toutefois, en pourra profiter lui-même, pour peu qu'il ait de sagesse (667-682).

Beaucoup possèdent la richesse, mais ne sont que des ignorants; d'autres, qui recherchent l'honnête, sont accablés par le besoin. Pour tous également, même difficulté d'agir : à ceux-ci leur pauvreté fait obstacle, à ceux-là leur faiblesse d'esprit (683-686).

Il n'appartient pas aux mortels d'entrer en lutte avec les immortels, de plaider contre eux. Nul n'a ce droit (687-688).

Il ne faut pas faire le mal qui ne doit pas être fait; il ne faut pas commencer ce qu'il ne serait pas bon d'achever (689-690).

Accomplis avec joie ton voyage à travers la vaste mer, et que par ton retour Neptune charme tes amis (691-692)!

A beaucoup d'hommes sans raison a été funeste la satiété. Il est difficile de connaître la mesure, quand les biens abondent (693-694).

Je ne puis, ô mon cœur, disposer à ton gré toutes choses. De la patience, donc : tu n'es pas le seul qui aime ce qui est bon (695-696).

Quand je suis heureux, j'ai beaucoup d'amis; mais qu'il m'advienne quelque chose de fâcheux, bien peu me gardent fidélité (697-698).

Pour le grand nombre des hommes, il n'existe qu'une vertu, la richesse ; le reste n'est d'aucun avantage. En vain tu posséderais la sagesse si vantée de Rhadamante ; en vain tu en saurais plus long que Sisyphe, ce subtil fils d'Éole. Il sut revenir même de l'enfer, ayant, par ses discours décevants, gagné le cœur de Proserpine, qui fait goûter l'oubli aux mortels, qui altère leur raison. Nul encore n'avait imaginé pareille chose, de tous ceux qu'a enveloppés l'ombre du trépas, qui sont venus dans la demeure ténébreuse des morts, qui ont passé les noires portes par lesquelles est contenue dans sa prison la foule indocile des ombres. C'est pourtant de là que remonta vers le jour, grâce à son habileté, le héros Sisyphe. — C'est bien vainement aussi que tu saurais donner au mensonge l'apparence de la vérité, avec la langue éloquente du divin Nestor, que tu passerais en vitesse les agiles Harpyes, les fils de Borée, dont les pieds volent. Il faut bien que tous conviennent de cette vérité, qu'en toutes choses la richesse a la suprême puissance (699-718).

Ils sont également riches, celui qui possède beaucoup d'argent et d'or, ou des terres fertiles en blé, ou des chevaux, des mulets, et celui à qui un enfant ou une femme donnent les jouissances de l'amour. Lorsqu'est venue la saison de ces plaisirs, lorsque fleurit la jeunesse qui s'y prête, c'est alors que les mortels ont la richesse ; car toutes ces grandes richesses, nul ne les emporte avec lui dans la demeure de Pluton ; nul ne peut se racheter de la mort, se soustraire aux fâcheuses maladies, à la triste venue de la vieillesse (719-728).

Les pensées des hommes, qui s'attristent au

sujet de la vie, ont reçu des ailes changeantes (729-730).

Père suprême, Jupiter, pourquoi les dieux, en permettant que les scélérats se plussent dans la violence, n'ont-ils pas voulu que les auteurs des actes coupables, commis sans souci des dieux, en reçussent eux-mêmes le châtiment, et que les crimes des pères ne devinssent pas plus tard le fléau de leurs fils innocents ; que les enfants d'un père injuste, qui, connaissant la justice, la pratiqueraient par crainte de ta colère, fils de Saturne, qui, dès le commencement, se seraient attachés à l'aimer, au milieu de leurs concitoyens, ne fussent point condamnés à expier les attentats de leurs pères ? Pourquoi les bienheureux habitants du ciel ne l'ont-ils pas voulu ainsi ? Aujourd'hui le coupable échappe, et c'est un autre qui porte la peine de son crime (731-742).

Et comment, roi des immortels, pourrait-on trouver juste que l'homme qui s'est toujours éloigné des actes injustes, sans transgresser les lois, sans violer son serment, qui a vécu selon la justice, ne soit pas lui-même traité justement ? Et qui, à ce spectacle, révèrerait encore les dieux ? Que penser, quand un mortel injuste et scélérat, sans craindre la colère ou des dieux ou des hommes, se livre à la violence, rassasié de richesses, tandis que les justes s'affligent, accablés par la pauvreté (743-752) ?

Instruit par mes leçons, ô mon ami, enrichis-toi selon la justice, garde ton cœur de la souillure du crime. N'oublie jamais ces vers, et, à la fin, tu t'applaudiras de t'être réglé sur mes sages conseils (753-756).

Puisse Jupiter, de l'éther où il habite, étendre toujours sur cette ville sa main protectrice et veiller à son salut, avec les autres immortels, les dieux bienheureux ! Puisse Apollon fermer notre langue et notre esprit ! Que la lyre, que la flûte avec elle, fassent entendre de saints accords, et nous, après avoir par des libations demandé la faveur des dieux, buvons, mes amis, tenant entre nous d'agréables discours, sans plus craindre la guerre des Mèdes ! Voilà ce qui vaudrait mieux : unis de cœur, nous devrions vivre dans la joie, loin des soucis, écartant de nous la pensée des funestes destinées, de la vieillesse qui ruine notre vie, de la mort qui la termine (757-768).

Il faut que le serviteur, le messager des Muses, s'il est instruit dans les secrets de la sagesse, n'use point de son savoir en jaloux ; que parmi les vérités, il recherche les unes, enseigne ou pratique les autres. De quoi lui servirait ce qu'il saurait tout seul (769-772) ?

C'est toi, Phébus, qui as bâti notre citadelle, en considération d'Alcathoüs, fils de Pélops. Écarte toi-même de cette ville l'armée des Mèdes, en sorte que les peuples joyeux, quand reviendra le printemps, t'envoient d'illustres hécatombes, goûtant le plaisir des concerts et des festins, des hymnes chantées, des cris poussés autour de ton autel. Je suis en crainte, quand je vois la folie des Grecs, les divisions qui les perdent. Sois-nous propice, Phébus, et prends sous ta garde cette ville (773-782).

J'ai visité autrefois la terre de Sicile, l'Eubée aux riches vignobles, la ville de l'Eurotas abondant en roseaux, l'illustre Sparte, et tous y accueillaient avec faveur mon arrivée ; mais aucun de ces lieux n'a pu donner de joie à mon cœur, tant je préférais à tout ma patrie (783-788).

Puissé-je ne connaître jamais de soin plus pressant que celui de la sagesse et de la vertu. Puissé-je, assuré de les posséder, charmer ma vie par la lyre, par la danse, par le chant, et jouir honnêtement de ces plaisirs (789-792) !

Ne blesse, par des actes d'iniquité, ni étranger ni compatriote, et contente ton propre cœur par la justice : quant à ces citoyens malveillants, les uns diront du mal de toi, les autres en parleront mieux (793-796).

Les bons sont blâmés des uns, loués des autres ; pour les mauvais, personne ne se souvient d'eux (797-798).

Nul homme, sur la terre, n'échappe au blâme. Quel est le plus heureux ? Celui dont ne s'occupe pas la foule (799-800).

On ne verra jamais, on n'a jamais vu personne descendre, agréable à tous, dans la demeure de Pluton. Celui-là même qui commande aux mortels et aux immortels, le fils de Jupiter, ne peut plaire à tous les hommes (801-804).

Il faut, Cyrnus, qu'il ait plus de rectitude que la règle, l'équerre, le compas, le jugement de celui qui va consulter l'oracle et à qui, dans Pytho, la prêtresse rend une réponse du fond du riche sanctuaire. Si vous ajoutez, vous ne trouverez plus un remède à vos maux ; si vous retranchez, comment éviter d'être coupable envers les dieux (805-810) ?

Il m'est arrivé une chose qui le cède à l'affreuse mort, mais plus fâcheuse, Cyrnus, que tous les autres malheurs : mes amis m'ont trahi. J'irai vers mes ennemis et mettrai aussi à l'épreuve leurs sentiments (811-814).

Un bœuf est sur ma langue, qui la presse de son pied pesant et m'empêche de m'échapper en paroles, bien que j'ai à dire (815-816).

Cependant, Cyrnus, ce qu'il est de la destinée de souffrir, je le souffrirai sans crainte (817-818).

Nous arrivons bientôt au moment désiré, où puisse nous saisir tous les deux ensemble, Cyrnus, la mort fatale (819-820).

Ceux qui n'honorent point la vieillesse de leurs parents, ceux-là, Cyrnus, obtiennent peu d'estime (821-822).

Ne sers point un tyran, dans des vues intéressées; ne le tue point, après t'être engagé à lui par serment (823-824).

Comment avez-vous eu le cœur d'unir vos chants aux accords du joueur de flûte ? De la place se voient les limites de cette terre qui nourrit de ses fruits ceux qui portent dans les festins sur leurs blondes chevelures des couronnes brillantes. Allons, Scythe, rase tes cheveux, interromps ton joyeux repas, pleure sur cette contrée parfumée que nous n'avons plus (825-830).

Par la confiance j'ai perdu mon bien, par la défiance je l'ai conservé : des deux côtés la pensée est pénible (831-832).

Tout cela est perdu et ruiné ; mais nous n'en devons accuser, Cyrnus, aucun des immortels, des dieux bienheureux ; c'est la violence des hommes, leur coupable avidité, leur injustice, qui de l'opulence nous ont précipités dans la misère (833-836).

Au besoin de boire s'attache, chez les malheureux

mortels, un double mal : la soif qui épuise, l'ivresse qui accable. Entre les deux je suivrais une voie moyenne, et vous ne me persuaderez point ou de m'abstenir de boire ou de boire avec excès (837-840).

Le vin, du reste, me plaît. En un seul point, il m'est désagréable, c'est quand il m'amène ivre en présence d'un ennemi (841-842).

Si de la tête, où il s'élève, le vin redescend vers les pieds, cessons de boire aussitôt et retournons à la maison (843-844).

Affliger un malheureux, c'est chose facile ; mais c'est chose difficile que de relever un malheureux (845-846).

Foule sous tes pieds ce peuple léger, fais-moi sentir la pointe de ton aiguillon, charge-le d'un joug pesant, car tu ne trouveras pas un autre peuple qui aime autant un maître, parmi tous les hommes que voit le soleil (847-850).

Que le roi de l'Olympe, Jupiter, anéantisse l'homme qui, par la feinte de ses discours, cherche à tromper son ami (851-852) !

Je savais autrefois, je sais bien mieux aujourd'hui qu'il n'y a aucune satisfaction avec les mauvais (853-854).

Souvent cette ville, par le vice de ses chefs, a, comme un vaisseau écarté de sa route, donné contre la terre (855-856).

Qu'un ami me voie dans la disgrâce, il détourne la tête et ne veut plus me regarder ; mais s'il me survient, par une rare fortune, quelque bien, j'ai aussitôt, en abondance, les salutations et les politesses (857-860).

Mes amants me trahissent et ne me veulent rien donner en présence des hommes ; mais, moi, voici de quoi je m'avise : je sors le soir et rentre le matin, aux cris des coqs qui s'éveillent (861-864).

Les dieux accordent souvent à des gens sans valeur le bien de la richesse ; il est nul, et ne profite ni à eux-mêmes, ni aux autres. Mais la gloire de la vertu ne périra point. L'homme courageux est le sauveur de son pays et de sa ville (865-868).

Tombe sur moi ce vaste ciel qui nous couvre, cette voûte d'airain, effroi des hommes rampant à la surface de la terre, si je ne vais au secours de ceux qui m'aiment ! Pour mes ennemis, je veux être leur chagrin, leur malheur (869-872).

O vin, je te loue en un point, en un point je t'accuse. Je ne puis tout à fait ni te haïr ni t'aimer. Tu es à la fois bon et mauvais. Quel homme ou parlerait contre toi, ou ferait ton éloge, en gardant la mesure de la sagesse (873-876).

Jouissons de la jeunesse, ô mon âme ! Bientôt vivront d'autres hommes, et frappé par la mort, je ne serai plus qu'une noire terre (877-878).

Bois le vin qu'ont produit pour moi, au-dessous des sommets du Taygète, sur son penchant, les vignes plantées par un ami des dieux, le vieux Théotime, ces vignes auprès desquelles il amena, de son champ de platanes, de fraîches eaux. Ce vin chassera loin de toi les pénibles soucis ; sous son influence, tu deviendras beaucoup plus léger (879-884).

Puissent la paix et la richesse régner dans cette ville, afin que je goûte avec d'autres la joie des festins ! Je ne suis point un amant de la guerre (885-886).

Ne prête pas trop l'oreille à l'appel éclatant du héraut ; nous n'avons point à combattre pour notre patrie (887-888).

Quand on est présent et monté sur le char rapide, il est honteux de ne pas voir la déplorable guerre (889-890).

Hélas! je pleure ma faiblesse. Cérinthe a péri; on arrache les bons vignobles de Lélante; les bons sont en exil; les méchants gouvernent la ville. Puisse Jupiter perdre la race de Cypsélus (891-894)!

L'homme n'a rien, en lui, de meilleur que la raison, et de plus funeste, Cyrnus, que la déraison (885-896).

Cyrnus, si Dieu s'irritait en toute occasion contre les faibles mortels, examinant bien les sentiments que chacun a dans son cœur et distinguant les actions injustes des justes, ce serait pour eux un grand mal (897-900).

Les uns font pis, les autres mieux; mais nul n'est sage en tout (901-902).

Quiconque, en poursuivant la richesse, ne laisse pas de l'employer se fait, par cette conduite, beaucoup d'honneur auprès des hommes raisonnables. Si l'on pouvait apercevoir le terme de la vie, mesurer l'espace qui reste à parcourir, avant d'arriver chez Pluton, il conviendrait que celui qui devrait attendre le plus longtemps le moment fatal ménageât le plus sa fortune, quelle qu'elle fût. Mais il n'en va pas ainsi, et c'est pour moi un grave sujet de chagrin. J'ai le cœur déchiré, l'esprit partagé; j'hésite comme dans un carrefour; de deux routes qui s'ouvrent à mes yeux, je ne sais laquelle choisir. Faut-il, sans rien dépenser, user mes jours dans la misère? Faut-il, sans prendre de peine, vivre dans les plaisirs? J'ai vu un homme qui épargnait sans cesse et, tout riche qu'il était, ne traitait jamais son ventre libéralement. Mais, avant d'avoir accompli son œuvre, il est descendu dans la demeure de Pluton ; un étranger a pris possession de ses biens, de sorte qu'il a travaillé sans fruit et pour enrichir qui lui était indifférent. J'en ai vu un autre uniquement occupé de complaire à son ventre. Il a tout dissipé, et il dit : « Je me retire après m'être donné de la joie » ; et maintenant il mendie auprès de tous ceux de ses amis qu'il peut rencontrer. Je conclus, Démoclès, que le mieux est de régler sa dépense sur sa fortune. Car, ainsi, après avoir travaillé, vous ne laisserez pas à un autre le fruit de votre travail, et vous ne subirez pas la servitude de la mendicité, et, quand la vieillesse arrivera, vos richesses n'auront pas disparu. Au temps où nous vivons, il est bon d'en avoir. Etes-vous riche ? Vous comptez beaucoup d'amis. Etes-vous pauvre ? Fort peu. Sans fortune on n'est plus également homme de bien (903-932).

Épargnez, c'est encore le meilleur parti, puisqu'après votre mort, nul ne vous pleurera, s'il ne voit que vous avez laissé du bien (931-932).

A peu d'hommes font cortège la vertu et la beauté. Heureux, qui a obtenu l'une et l'autre ! Tous l'honorent ; les jeunes gens, les hommes de son âge, ses ainés s'écartent devant lui. Vieillissant lui-même, il croit en importance parmi ses concitoyens, et nul ne songe à le blesser dans son honneur ou dans ses droits (933-938).

Ma voix ne peut faire entendre de doux accents, comme celle du rossignol, car j'ai passé à table la nuit dernière. Je ne me plains point du joueur de flûte, mais mon ami, qui n'est pas sans sagesse, me quitte (939-942).

Je chanterai près du joueur de flûte, me tenant à sa droite et invoquant les dieux immortels (943-944).

Je marche dans la droite voie, sans incliner d'aucun côté, car il me faut voir tout avec justesse (945-946).

Je servirai ma patrie, cette riche cité; je ne me tournerai point vers le peuple, et ne céderai point non plus aux caprices des citoyens injustes (947-948).

J'ai, comme le lion confiant en sa force, atteint à la course et saisi le jeune faon sous le ventre de sa mère, mais je n'ai pas bu son sang; j'ai franchi les remparts et n'ai point ravagé la ville; j'ai attelé les coursiers et ne suis point monté sur le char : ce que j'ai fait est resté sans effet; ce que j'ai accompli, sans accomplissement; j'ai agi sans agir, fini sans finir (949-954).

Du bien qu'on fait aux mauvais résulte un double mal : on le retranche à soi-même et l'on n'obtient pas de reconnaissance (955-956).

Si, ayant reçu de moi quelque important bienfait, tu n'en es pas reconnaissant, puisses-tu, dans un nouveau besoin, revenir à ma maison (957-958) !

Tant que j'ai puisé moi-même à la source profonde, l'eau m'en a semblé belle et douce. Maintenant qu'on l'a rendue trouble et fangeuse, j'irai boire à quelque autre fontaine ou à quelque fleuve (959-962).

Avant de louer un homme, il importe de connaître exactement son caractère, ses principes, ses habitudes. Beaucoup fardent leur vie, se cachent sous des apparences trompeuses, revêtent pour la journée un personnage étranger. Mais, à la fin, le temps les fait paraître avec leurs mœurs réelles. Moi-même, je me suis bien écarté de la vérité, me pressant de te louer, sans t'avoir auparavant bien étudié. Aujourd'hui, comme un vaisseau, je prends le large (963-970).

Le beau mérite de vaincre en buvant les plus forts buveurs ! A ce combat, le méchant emporte le prix sur l'honnête homme (971-972).

L'homme, quand une fois la terre a reçu son corps, qu'il est descendu dans l'Érèbe, qu'il habite le palais de Proserpine, ne goûte plus le plaisir ; il ne prêtera plus l'oreille aux accords de la lyre et de la flûte ; il ne recueillera plus les dons de Bacchus. Voyant cela, je veux tenir mon cœur en joie, tant que mes genoux resteront agiles, que ma tête ne tremblera point (973-978).

Je veux un ami qui ne le soit pas seulement de paroles, mais d'effet, qui s'empresse de m'aider à la fois et de son bras et de sa bourse, qui ne me charme pas seulement à table par ses discours, mais me montre encore, par ses actes, ce qu'il sait faire pour moi (979-982).

Que notre cœur, cependant, s'occupe des festins, tant qu'il peut encore supporter les aimables fatigues du plaisir. Bientôt, comme la pensée, passe la brillante jeunesse ; moins vite est l'essor des cavales qui emportent impétueusement un guerrier au sein des travaux belliqueux, ravies de franchir la plaine aux riches moissons (983-988).

Bois lorsque l'on veut boire, et, même dans la tristesse, ne laisse voir à personne le chagrin qui t'accable (989-990).

Tantôt tu t'affligeras de souffrir, tantôt tu te réjouiras de faire. Le pouvoir d'agir appartient tantôt à un homme, tantôt à un autre (991-992).

Si tu me provoquais, Académus, aux doux chants, et qu'entre toi et moi, disputant d'habileté, se tînt, comme prix du combat, un jeune enfant, dans la fleur de la beauté, tu apprendrais combien les mulets l'emportent sur les ânes (993-996).

Quand le soleil, poussant ses coursiers vers les hauteurs de l'éther, annoncera le milieu du jour, reposons-nous à table, aux lieux où nous conduira notre envie, et faisons fête à notre ventre de toutes sortes de biens. Qu'au seuil nous verse de l'eau, que dans la maison nous apporte des couronnes, de ses agiles mains, une belle Lacédémonienne (997-1002).

Voilà la vertu, voilà le prix le plus précieux, le plus glorieux, que puisse remporter, parmi les hommes, un homme sage. C'est le bien commun de toute la ville, de tout le peuple, que le guerrier qui, bien affermi sur ses jambes, reste au premier rang (1003-1006).

Voici un conseil commun à tous : tandis qu'ils ont la fleur de la jeunesse et d'heureuses pensées dans leurs esprits, qu'ils fassent servir à leur bonheur le bien qu'ils possèdent. Les dieux n'ont pas donné aux mortels de rajeunir ni de se dégager des liens de la mort. Il leur faut céder à la vieillesse, lorsqu'elle vient fondre sur leurs têtes (1007-1012).

Heureux, fortuné, prospère, celui qui descend dans le noir séjour de Pluton sans avoir connu la lutte et la peine, qui n'a pas dû trembler devant des ennemis, faire le mal par nécessité, mettre à l'épreuve les sentiments de ses amis (1013-1016) !

La sueur coule à grands flots sur mon corps, je me sens glacé de terreur, quand je considère le peu que dure cette fleur si agréable et si belle de la jeunesse. Il passe en peu d'instants, comme un songe, ce jeune âge, si prisé; et, aussitôt, la terrible, l'affreuse vieillesse plane sur notre tête (1017-1022).

Jamais je ne ferai subir à mes ennemis le joug pénible, non, quand même le Tmôle pèserait sur notre tête (1023-1024).

Les méchants ont l'esprit plus faible dans le malheur ; les honnêtes gens ont toujours plus de rectitude dans leurs pensées et dans leurs actes (1025-1026).

Le mal est pour les hommes d'un accomplissement facile ; le bien, Cyrnus, demande beaucoup d'efforts (1027-1028).

Prends courage, ô mon âme, dans le malheur, quoi que tu aies dû souffrir. C'est le cœur des méchants qui s'irrite. Mais toi, parce que tu n'as pas réussi, n'ajoute pas à ta disgrâce par le ressentiment, par le désespoir ; n'afflige pas tes amis, ne réjouis pas tes ennemis. Les dons que nous envoient les dieux, il n'est pas facile à un mortel de s'y dérober, pas même s'il descendait dans les profondeurs de la mer brillante, ni lorsqu'il est devenu la proie du sombre Tartare (1029-1036).

Tromper un homme de bien est chose très difficile ; il y a longtemps, Cyrnus, que j'en juge ainsi (1037-1038).

Déraisonnables, insensés, les hommes qui ne boivent pas de vin quand commence la canicule (1039-1040).

Allons, ici, avec la flûte : buvons en riant près de cet homme qui pleure ; faisons notre joie de sa tristesse (1041-1042).

Dormons, c'est aux gardiens de la ville à veiller sur elle, sur notre aimable et douce patrie (1043-1044).

Oui, par Jupiter, si quelqu'un d'eux dort, bien enveloppé, cependant il accueillera avec joie notre troupe de buveurs (1045-1046).

Pour aujourd'hui, buvons, réjouissons-nous, avec d'heureuses paroles aux lèvres ; ce qui doit venir après, c'est l'affaire des dieux (1047-1048).

Comme un père à son fils, je te donnerai d'utiles conseils ; qu'ils pénètrent dans ton âme ! Prends garde que la précipitation ne te conduise au mal. Délibère d'abord, te recueillant profondément en toi-même, consultant ta raison. Les fous laissent voler çà et là leur esprit : la réflexion conduit à de bonnes et sages pensées (1049-1054).

Laissons ce discours ; accompagne mon chant de ta flûte, et que, tous deux, nous nous souvenions des Muses. Les Muses nous ont fait, pour en jouir, ces aimables présents, à toi, à moi, à nos voisins (1055-1058).

Connaître le caractère des hommes est chose difficile, Timagoras, à qui les regarde de loin, quelque habileté qu'il ait d'ailleurs. Chez les uns, en effet, la méchanceté se cache sous la richesse ; chez les autres, la vertu sous la pauvreté (1059-1062).

Jeunes, reposez, la nuit, près d'une compagne de votre âge, goûtant le charme des amoureux travaux, ou bien encore, dans les festins, unissez votre voix aux sons de la flûte. Rien de plus délectable pour les hommes et pour les femmes. Que me font la richesse et l'honneur ? Le plaisir et la joie l'emportent sur tout (1063-1068).

Déraisonnables, insensés, ceux qui pleurent les morts et ne pleurent pas la fleur de leur jeunesse, qui bientôt n'est plus (1069-1070).

Accommode-toi, Cyrnus, aux mœurs diverses de tes amis ; prends un peu du caractère de chacun. Aujourd'hui il conviendra que tu suives celui-ci ; une autre fois, tu seras autre. Cette habile conduite vaut mieux même qu'une grande vertu (1071-1075).

Ce qui n'est point fait encore, on peut bien difficilement en connaître la fin, savoir comment la divinité l'accomplira. Les ténèbres cachent l'événement; avant qu'il arrive, il n'est point donné aux mortels de comprendre où s'arrête leur impuissance (1075-1078).

Je ne parlerai point mal d'un ennemi, s'il est honnête homme; et je ne ferai point, non plus, l'éloge d'un méchant, fût-il mon ami (1079-1080).

Cyrnus, cette ville est en travail; je crains bien qu'elle n'enfante quelque homme violent, chef d'une funeste sédition (1081-1082).

Il faut que l'homme de bien s'applique à tenir ferme jusqu'à la fin pour son ami (1083-1084).

Démonax, tu supportes avec peine bien des choses, car tu ne sais point faire ce qui ne t'est point agréable (1085-1086).

Castor, Pollux, vous qui habitez dans la divine Lacédémone, près des belles eaux de l'Eurotas, si jamais je médite contre un ami une méchante action, qu'elle retombe sur moi, et, si lui-même veut me faire du mal, qu'il lui en arrive deux fois autant (1087-1090).

Mon cœur est dans un cruel embarras au sujet de notre commerce : je ne puis ni haïr, ni aimer, sachant qu'il est bien pénible quand on a aimé, de haïr, bien pénible aussi d'aimer qui ne veut pas être aimé (1091-1099).

Jette tes vues sur un autre. Quant à moi, il n'y a point de nécessité que je fasse ceci. Tiens-moi compte du passé. Enfin mes ailes m'emportent loin d'un homme mauvais, comme l'oiseau qui s'élève d'un vaste marais, libre des liens qu'il a rompus. Pour toi, qui ne m'auras plus pour ami, tu reconnaîtras plus tard ma prudence (1095-1100).

... Qui que ce soit qui t'ait conseillé à mon sujet, qui ait voulu que tu me quittasses, renonçant à notre amitié (1101-1102).

La violence a perdu et Magnésie, et Colophon, et Smyrne : vous aussi, elle vous perdra, Cyrnus (1103-1104).

Si tu es, comme l'or fondu dans le creuset, éprouvé par le contact de la pierre de touche, par le frottement du plomb, tu seras reconnu pur et reçu de tous (1105-1106).

Malheureux, je suis devenu, dans ma disgrâce, un jouet pour mes ennemis, et pour mes amis un fardeau (1107-1108).

Les bons, Cyrnus, sont maintenant les méchants, et les méchants sont les bons. Qui pourrait voir patiemment les bons sans honneur et les méchants honorés ? L'alliance du méchant est recherchée par l'honnête homme ; ils se trompent mutuellement, ils rient les uns des autres, ayant perdu le souvenir et du bien et du mal (1109-1114).

Riche, tu m'as reproché ma pauvreté, mais j'ai encore quelque chose et j'y ajouterai, avec l'aide des dieux (1115-1116).

Plutus, le plus beau, le plus recherché des dieux, avec toi, même le méchant devient honnête homme (1117-1118).

Puissé-je aller jusqu'au bout de mes jeunes années, et avec l'amour de Phébus Apollon, fils de Latone, de Jupiter, roi des immortels, afin que je vive à l'abri de tous les maux, goûtant à la fois le charme et de la jeunesse et de la fortune (1119 1122) !

Ne me fais pas souvenir de mes malheurs : j'ai souffert comme Ulysse, qui pénétra dans la vaste demeure de Pluton et qui en sortit ; qui, par ses sages conseils, parvint à faire tomber sous le fer cruel les amants de Pénélope, de son épouse, qui l'avait attendu, près de son fils, jusqu'au temps où il rentra dans sa patrie et dans sa redoutable demeure (1123-1128).

Je veux boire, sans me soucier de la désolante pauvreté, non plus que des ennemis qui m'outragent. Mais je pleure l'aimable jeunesse, qui s'enfuit ; je gémis à l'aspect de la fâcheuse vieillesse, qui s'approche (1129-1132).

Il faut, Cyrnus, venir en aide à nos amis, quand leur malheur commence, et chercher un remède à l'ulcère, quand il se forme (1133-1134).

L'Espérance est la seule bonne déesse qui soit encore chez les hommes. Les autres dieux nous ont quittés et s'en sont allés dans l'Olympe. Nous n'avons plus la Foi, cette grande divinité ; nous n'avons plus la Tempérance ; les Grâces, ami, ont abandonné la terre. Plus de serments sûrs chez les hommes ; on n'y révère plus les dieux immortels. La race des mortels pieux a passé ; on ne connaît maintenant ni les lois ni la piété. Cependant, tant qu'il vit, qu'il voit la lumière du soleil, un homme religieux peut compter sur l'Espérance. Qu'il adresse aux dieux ses prières, qu'il leur offre de riches victimes ; mais qu'avant, après tout, il sacrifie à l'Espérance. Il se gardera, en même temps, des discours obliques de ces pervers qui, sans crainte des dieux immortels, tournent toutes leurs pensées vers les possessions d'autrui, et couvrent entièrement leurs œuvres coupables de formes mensongères (1135-1150).

L'ami que tu possèdes, ne le laisse pas là pour en chercher un autre, croyant aux paroles des méchants (1151-1152).

Puissé-je arriver à la richesse, et, loin des tristes soucis, vivre sans dommage, sans disgrâces (1153-1154)!

Je ne tiens pas à être riche, je ne le souhaite pas ; mais qu'il me soit donné de vivre de peu, sans éprouver de malheurs (1155-1156) !

La richesse et la sagesse sont constamment au-dessus des efforts de l'homme. La richesse, on ne peut s'en rassasier, et pour la sagesse il en est absolument de même : le plus sage ne la fuit pas ; il l'aime, au contraire, et sa passion pour elle n'est jamais satisfaite (1157-1160).

Au lieu d'enfouir des trésors pour tes enfants, donne, Cyrnus, aux honnêtes gens dans le besoin (1161-1162).

Les yeux, la langue, les oreilles, l'esprit de l'homme sage sont au fond de sa poitrine (1163-1164).

Fais société avec les hommes de bien, ne recherche jamais les méchants, quand tu voyageras au loin, pour commercer (1165-1166).

Des hommes de bien honnêtes sont les réponses, honnêtes les actes ; mais les vents emportent les paroles des mauvais, mauvaises comme eux (1167-1168).

Compagnie mal choisie est cause de malheur. Tu l'apprendras par toi-même, car tu as offensé les grands dieux (1169-1170).

La raison, Cyrnus, est ce que les dieux accordent aux mortels de meilleur. Dans la raison de l'homme tout est compris. Heureux qui la possède en lui-même! Elle vaut bien mieux que la funeste violence, que la misérable satiété, cet autre fléau des mortels. Rien de pis que l'un et l'autre ; de là vient, Cyrnus, toute méchanceté (1171-1176).

Si tu pouvais, Cyrnus, ne rien souffrir, ne rien faire de honteux, ta vertu serait garantie par la meilleure épreuve (1177-1178).

Cyrnus, révère et crains les dieux : c'est là ce qui préserve l'homme de toute action, de toute parole impie (1179-1180).

Le tyran qui dévore le peuple, fais tout pour le renverser ; les dieux ne s'en indigneront pas (1181-1182).

Ce sont des biens précieux que la raison et la parole ; mais il ne se rencontre que peu d'hommes qui sachent user de l'une et de l'autre (1183-1184).

De tous les hommes qu'éclaire et que voit le soleil, il n'en est aucun, Cyrnus, sur lequel le blâme ne soit suspendu (1185-1186).

Nul ne peut se racheter de la mort, nul ne se soustrait à l'infortune, si la Parque n'y met un terme. Point de mortel qui puisse, à son gré, par des présents, se dérober aux chagrins que la divinité lui envoie (1187-1190).

Je ne tiens pas à être exposé sur un royal lit de parade après ma mort ; j'aimerais mieux qu'il m'arrivât, de mon vivant, quelque bien. Pour un mort, les ronces valent les tapis ; le bois lui est une couche ou dure ou molle également (1191-1194).

N'invoque pas faussement le nom des dieux. Ils ne supportent pas qu'on veuille leur cacher sa dette (1195-1196).

J'ai entendu, Polypédés, le cri de l'oiseau qui vient annoncer aux hommes la saison du labourage. Il m'a percé le cœur, parce que d'autres possèdent mes champs fleuris, qu'un attelage de mules n'y traîne plus ma charrue[1]. . . . . . . . . . (1197-1202).

Je n'irai point; ma voix n'appellera pas les mânes, mes gémissements ne retentiront pas sur la tombe du tyran qui descend sous la terre. Si j'étais mort, me plaindrait-il? ses yeux verseraient-ils des larmes brûlantes (1203-1206)?

Je ne te repousse pas de ma table; je ne t'y appelle pas non plus. Tu es fâcheux[2] quand tu es présent, et, quand tu es absent, tu deviens mon ami (1207-1208).

Je suis d'une illustre race, et, si j'habite les murs de Thèbes, c'est qu'on m'a banni de ma patrie (1209-1210).

Ne te ris pas de moi, n'insulte pas à ceux qui m'ont fait naître, Argyris; car, toi, tu as vu le jour de l'esclavage. Beaucoup d'autres maux, sans doute, m'affligent, ô femme, puisque j'ai dû quitter ma patrie; mais, du moins, je ne connais pas la triste servitude, on ne m'a point vendu. Je suis, moi-même, citoyen d'une belle ville, près de la plaine de Léthé (1211-1216).

Ne rions pas près de ceux qui pleurent, nous complaisant, Cyrnus, dans notre heureuse fortune (1217-1218).

Tromper un ennemi est chose difficile, Cyrnus; mais c'est chose facile que de tromper un ami (1219-1220).

---

[1] Le vers 1202, évidemment altéré, n'a pas été traduit par M. Patin.

[2] M. Patin a suivi la leçon ordinaire.

La parole est pour les hommes l'occasion de bien des fautes, car elle trouble leur raison, Cyrnus (1221-1222).

Rien, Cyrnus, de plus injuste que la colère ; elle blesse le cœur qui la reçoit, en lui donnant une satisfaction mauvaise (1223-1224).

Rien, Cyrnus, de plus doux qu'une bonne femme ; j'en suis garant, et toi, tu peux garantir ma véracité (1225-1226).

Que la vérité soit près de toi et près de moi, la vérité, la plus juste de toutes les choses (1227-1228).

Un mort du maritime séjour m'a appelé dans sa maison, et, tout mort qu'il est, il fait entendre une voix vivante (1229-1230).

FIN DES SENTENCES DE THÉOGNIS.

# CALLINUS

# NOTICE
## SUR
# CALLINUS D'ÉPHÈSE
### PAR
### M. HUMBERT

Callinus d'Éphèse florissait dans la première moitié du septième siècle avant notre ère. On le suppose d'après deux vers détachés dans lesquels il fait allusion aux invasions des Cimmériens et des Trères. Or nous savons par Hérodote et Strabon que ces peuples barbares, chassés par les Scythes, envahirent l'Asie Mineure lors du règne d'Ardys (678-629) ; ils prirent la capitale de la Lydie, Sardes, moins la citadelle, et, sous la conduite de Lygdamis, marchèrent vers l'Ionie où ils menacèrent particulièrement le sanctuaire d'Artémis à Ephèse. Les Ioniens, efféminés par leur long commerce avec les Lydiens, et tout entiers adonnés aux arts de la paix, eurent quelque peine à sortir de leur indolence. C'est au commencement de cette lutte que Callinus doit leur avoir adressé l'appel vif et passionné qui nous a été conservé par Stobée et qui est le seul fragment que nous ayons de ce poète. On sait que les Cimmériens furent expulsés plus tard de l'Asie Mineure par Halyatte, le second successeur d'Ardys (617-560).

Le texte de l'élégie de Callinus a toujours été imprimé avec celui des poésies de Tyrtée.

Nous citerons notamment l'édition de Bach, publiée à Leipzig, en 1831, *Callini Tyrtæi, etc., fragmenta* et le volume des *Petits poètes lyriques* de Bergk, dans la collection Teubner.

# ÉLÉGIE DE CALLINUS

TRADUITE

Par M. HUMBERT

---

Combien de temps encore reposerez-vous? Quand aurez-vous un cœur vaillant, jeunes hommes? N'avez-vous point honte de vous montrer ainsi efféminés aux nations voisines? Vous croyez ainsi vivre en paix; mais la guerre envahit toute la contrée. Que chacun, en combattant, présente son bouclier à ses adversaires et que, sur le point de rendre l'âme, il lance son dernier trait. Car il est honorable, il est glorieux pour un brave de combattre contre les ennemis pour sa patrie, pour ses enfants, pour sa légitime épouse; la mort viendra, quand sera coupé le fil des Parques. Hé bien donc, que chacun s'avance fièrement, dressant sa lance, et serrant son vaillant cœur contre son bouclier, au moment où va commencer la mêlée. Car fuir la mort fixée par les destins est impossible à un homme, quand même il aurait des immortels pour ancêtres. Souvent tel qui part pour éviter le combat et le bruit des traits est frappé dans sa maison par une mort fatale. Celui-là n'excite parmi le peuple aucune affection, aucun regret. Mais, l'autre, petits et grands le pleurent, s'il vient à périr. Car la nation tout entière déplore la mort d'un vaillant guerrier, et s'il vit, on l'estime autant que les demi-dieux. Il est comme un rempart aux yeux de ses concitoyens ; à lui seul il est aussi utile que beaucoup d'autres ensemble.

# TYRTÉE

# NOTICE SUR TYRTÉE

PAR

M. GUIGNIAUT

de l'Académie des Inscriptions et Belles-Lettres

---

Tyrtée fut le premier qui, après Callinus et Archiloque, dans le septième siècle avant notre ère, cultiva le genre de poésie qu'on appelle *l'élégie ancienne,* et dont les accents, voisins de l'épopée, quoique préludant à la muse lyrique, étaient surtout consacrés aux grands intérêts de la patrie. On pourrait même croire qu'il importa cette forme poétique, toute nouvelle encore, d'Asie Mineure et des îles sur le continent de la Grèce, si l'on admettait avec Suidas qu'il fût né à Milet. C'est de cette ville qu'il serait venu à Athènes ; mais la plupart des auteurs le font Athénien, et d'autres vont jusqu'à assigner Aphidna comme le lieu de l'Attique dont il était originaire. La mention de ce lieu, en relation très ancienne avec la Laconie par la tradition d'Hélène et des Dioscures, explique, mieux que toute autre circonstance peut-être, que Tyrtée ait été appelé ou envoyé de là à Sparte, dont il fut nommé citoyen pour prix de ses chants et de ses services. Suivant une légende bien des fois répétée, mais qui n'en est pas plus certaine, l'oracle de Delphes ayant ordonné aux Lacédémoniens, vivement pressés par Aristomène dans leur seconde guerre contre Messène, de demander un général aux Athéniens, ceux-ci, par dérision, leur dépêchèrent un maître d'école boiteux et peu sain d'esprit, qui pourtant sauva Sparte par ses conseils sinon par sa valeur. Ce n'est là, selon toute apparence, qu'un travestissement populaire ou une version intéressée d'un fait antique mal compris ou défiguré à plaisir par la jalousie des Athéniens. En effet, l'orateur Lycurgue, qui nous a conservé un des plus beaux morceaux de Tyrtée, nous met sur la voie de la vérité dans son *Discours contre Léocrate* (XXVIII, § 106). On y voit que le prétendu maître d'école était tout à la fois un homme d'État et un poète, pour qui des chants inspirés par la vertu guerrière portée jusqu'à l'enthousiasme furent un puissant moyen d'exciter les mêmes sentiments dans les âmes et de servir son pays d'adoption. Il chantait ses élégies en faisant soutenir sa voix par les sons de la flûte, et il apprit aux autres à les chanter : il en fit une partie essentielle de l'éducation de la jeunesse à Sparte, et les Spartiates portèrent une loi d'après laquelle, dans toute la suite du temps, quand leurs guerriers étaient en campagne, ils devaient se réunir devant la tente du roi pour entendre les poésies de

Tyrtée¹. Quelques-uns veulent même que Tyrtée ait été l'inventeur du triple chœur des jeunes gens, des hommes faits et des vieillards, s'exaltant à l'envi par l'éloge de leur valeur passée, présente et future. Ce qui est plus sûr, c'est qu'indépendamment de ses élégies belliqueuses, Tyrtée avait composé, non plus en dialecte ionien ou homérique, mais en dialecte dorien et populaire, de véritables chansons de guerre dans le mètre tout lyrique des anapestes, et que l'armée entonnait en chœur aux sons de la flûte, en marchant au combat, d'où vient qu'on les nomma *embateria* ou *marches*.

Mais la mission de Tyrtée ne se borna point là. En même temps qu'il conduisait les guerriers au combat, il apaisait les dissensions que les revers avaient suscitées entre les citoyens, et qui menaçaient Sparte de la plus dangereuse des révolutions. Comme des terres conquises dans la Messénie avaient été reprises, les propriétaires dépouillés demandaient à grands cris un nouveau partage des terres. Ce fut alors que Tyrtée parut sur la place publique, et qu'il récita en cadence la plus fameuse de ses élégies, une élégie toute politique, nommée pour cette raison *Politeia* ou *la Constitution*, et encore *Eunomia*, comme qui dirait *la Légalité* ou *le Bienfait des*

---

¹ Suivant Philochore, cité par Athénée, la réunion avait lieu le soir, à la fin du repas, et quand le *péan* avait retenti en l'honneur des dieux, l'élégie était chantée tour à tour par les convives, qui disputaient le prix décerné par le polémarque; ce prix, tout à fait assorti à la simplicité des mœurs lacédémoniennes, était une part de viande choisie.

*lois*. Pour ramener les esprits au respect de la loi, il mettait sans doute en contraste les maux de l'anarchie prêts à fondre sur la ville, et le tableau des liens de toute espèce qu'enfante la bonne harmonie entre les citoyens, fondée sur l'ordre dans l'État. Cette harmonie, il la trouvait réalisée dans les temps antérieurs, dont il traçait rapidement l'histoire, dans les salutaires effets de la législation de Sparte, dont il faisait une magnifique apologie. Tel était, sans aucun doute, le sujet de l'*Eunomie*, comme on peut en juger par les fragments qui en restent, et que nous devons à Strabon, à Plutarque, à Pausanias [1]. On y retrouve, mais plus grave, plus calme, et avec des images différentes, cette inspiration si brûlante qui anime les trois élégies guerrières, plus ou moins complètes, dont l'orateur Lycurgue nous a conservé l'une et Stobée les deux autres. Elle se fait sentir plus vive encore et plus pressante, à l'heure du combat, dans les deux lambeaux des anapestes qui nous ont été transmis si mutilés par Dion Chrysostôme, Tzetzès et Héphestion. Les anciens avaient fait cinq livres de ce qu'ils possédaient sous le nom de Tyrtée; ce que nous en avons forme à peine quelques pages dans les recueils de Brunck et de Gaisford, dans les monographies de Klotz et de Bach [2], mais des pages où se révèle l'âme tout

---

[1] Strabon, VI, p. 279, et VIII, p. 362; Plutarque, *Lycurgue*, 6; Pausanias, ch. VI, XIV et XV.

[2] Brunck, *Analect.*; Gaisford, *Poet. gr. min.*; t. III.; Klotz, *Tyrtæi quæ exstant omnia*, 1764 et 1767; et Bach, *Tyrtæi Aphidnæi carmina quæ supersunt*, plus court, plus complet

entière du poète guerrier et citoyen. Le sentiment patriotique qui lui dicta ses élégies a passé dans *les Messéniennes* de Casimir Delavigne, placées sous son invocation.

M. Baron a donné, sous le titre de *Poésies militaires de l'antiquité*, les chants de Callinus et de Tyrtée, trad. nouv. polyglotte (Brux., 1835, in-8°). Firmin Didot en avait publié antérieurement une édition avec une traduction en vers français et des notes, le tout précédé d'une notice littéraire, en français et en grec moderne (Paris, 1826, in-12).

et préférable à tous égards. Bergk a donné le texte de Tyrtée dans sa collection des lyriques grecs. Nous indiquerons encore, comme les meilleures dissertations critiques sur les poèmes de Tyrtée, celles de Thiersch, *De gnomic. carmin. Græc.*; 2° partie, dans les *Act. philol. monac.*, t. III, et de Matthiæ *De Tyrtæi carminibus* (Altenbourg, 1820), réfutant les hypothèses dont est rempli le livre trop vanté de Franck, intitulé *Callinus*.

# POÉSIES DE TYRTÉE

TRADUITES

Par M. HUMBERT

---

I

Il est beau pour l'homme brave de tomber au premier rang en combattant pour sa patrie. Mais abandonner sa ville et ses riches campagnes, s'en aller mendier et errer avec sa mère, son vieux père, ses petits enfants et son épouse légitime, ce sont là les maux les plus grands. Le malheureux sera un objet de haine pour tous ceux à qui, succombant sous le besoin et la cruelle pauvreté, il ira demander asile. Il déshonore sa race, il souille sa beauté ; partout opprobre et lâcheté marchent à sa suite. Pour un homme errant ainsi, il n'y a point de jeunesse et il ne doit attendre aucun respect. Combattons avec courage pour notre terre, mourons pour nos enfants, sans épargner nos forces, ô jeunes gens ; combattez, serrés les uns contre les autres, et qu'aucun de vous ne donne l'exemple de la fuite honteuse et de la crainte. Excitez dans vos cœurs un grand et généreux courage et ne songez point trop à la vie quand vous serez aux prises avec les ennemis. Quant aux vieillards,

dont les genoux ne sont plus flexibles, ne fuyez pas
en les abandonnant. Il serait honteux de voir tomber
aux premiers rangs et en avant les jeunes gens du
vieux soldat à la tête chauve et au menton tout blanc,
exhalant dans la poussière un âme généreuse, et te-
nant dans ses mains les organes sanglants de la viri-
lité (triste spectacle et dont la vue excite l'indignation).
Mais, tout sied aux jeunes gens; tant que le guer-
rier a la noble fleur de la jeunesse, il est pour les
hommes, après sa mort, un objet d'amiration et, pour
les femmes, durant sa vie, un objet d'amour; il est
beau encore tombé au premier rang.

II

Courage, guerriers, vous êtes de la race de l'invincible
Hercule, et Jupiter n'a pas encore détourné de vous ses
regards. Ne craignez point le grand nombre des enne-
mis ; ne soyez point effrayés ; que chacun oppose son
bouclier à ses adversaires, qu'il dédaigne la vie et ne re-
doute pas plus les ténèbres de la mort que les rayons du
jour. Vous savez que si Mars fait verser beaucoup de
sang, il conduit à la gloire, et vous savez ce que c'est, ô
jeunes gens, que fuir et que poursuivre, vous l'avez
appris à satiété. Ceux qui osent, se serrant les uns
contre les autres, courir contre leurs adversaires
meurent rarement et sauvent tous ceux qui marchent
après eux. Mais chez ceux qui tremblent, toute vertu a
disparu. Qui pourrait dire tous les maux dont est ac-
cablé le guerrier qui combat lâchement ? Il est honteux
pour lui, quand il fuit le rude combat, d'être blessé
par derrière ; c'est laide chose qu'un cadavre étendu

sur la poussière, le dos percé par la pointe d'une lance. Mais que chacun de vous se tienne ferme, appuyant solidement ses deux pieds sur la terre et mordant sa lèvre ; qu'il couvre ses cuisses, ses jambes, sa poitrine et ses épaules de son large bouclier, que dans sa main droite il brandisse sa forte lance et qu'il agite sur sa tête son panache altier. Que par l'accomplissement de rudes travaux, il apprenne à combattre ; que protégé par son bouclier il ne se tienne pas hors de la portée des traits ; qu'il s'approche de l'ennemi, le frappe de sa longue lance, le blesse de son épée et le fasse prisonnier. Pied contre pied, bouclier contre bouclier, aigrette contre aigrette, casque contre casque, poitrine contre poitrine, qu'il s'appuye sur son adversaire en le frappant et lui arrache son épée ou sa longue lance. Et vous, soldats armés à la légère, vous abritant mutuellement sous les boucliers, lancez de lourdes pierres, et brandissez sur l'ennemi vos javelots polis, vous tenant aux côtés des soldats pesamment armés.

## III

Qu'un homme soit rapide à la course ou habile à la lutte, qu'il ait la haute taille ou la force des Cyclopes, qu'il dépasse en vitesse le Thrace Borée, qu'il soit plus beau que Tithon, plus riche que Midas, plus riche que Cinyre, qu'il soit plus puissant que Pélops, fils de Tantale, plus éloquent qu'Adraste, qu'il possède toutes les gloires, s'il n'a pas la valeur du guerrier, je n'en parlerai pas et n'aurai pour lui nulle estime ; c'est un homme inutile à la guerre, s'il ne supporte pas la vue du carnage, s'il ne brûle pas d'aborder l'ennemi. La valeur est ce qu'il y a de plus beau chez les hommes, c'est elle qui pare le mieux un jeune guerrier. C'est un grand bien pour l'État et pour tout le peuple, qu'un brave qui reste ferme aux premiers rangs et qui, sans jamais songer à une fuite honteuse, expose vaillamment sa vie et encourage son voisin à tomber avec gloire. Voilà l'homme utile à la guerre; il met en fuite les ennemis aux phalanges redoutables, et c'est lui dont l'ardeur supporte tout l'effort de la bataille. Si, tombant au premier rang, le guerrier a rendu l'âme, il couvre de gloire sa ville, ses concitoyens, son père; sa poitrine et son bouclier bombés sont couverts de blessures qu'il a toutes reçues par devant; jeunes gens et vieillards le pleurent, et la ville est affligée d'un cuisant regret; son tombeau et ses enfants sont renommés parmi les hommes, et les enfants de ses enfants et toute sa race; sa gloire et son nom ne périssent pas et, quoique enseveli sous la terre, il demeure immortel. Tel est le sort qui attend le brave guerrier que l'impétueux Mars a fait périr pendant qu'il combattait pour sa terre et pour ses enfants. Mais s'il a eu le bonheur d'échapper au long sommeil de la mort, si, vainqueur, il emporte une noble réputation de vaillance, tous l'honorent, jeunes et vieux, et ce n'est qu'après qu'on lui a tout fait pour lui être agréable, qu'il descend dans les enfers. Dans sa vieillesse, il se distingue de tous ses concitoyens : par respect, par justice, nul ne songe à lui nuire; chacun lui cède sa place pour lui faire honneur, les jeunes gens, ceux qui sont de son âge, ceux qui sont plus âgés. Efforcez-vous donc tous de parvenir à cette haute vertu et combattez vaillamment.

## IV[1]

...Courage, enfants de Sparte féconde en guerriers ; valeureux citoyens : armez votre bras du bouclier ; poussez hardiment vos lances, sans épargner votre vie : car ce n'est pas la coutume à Sparte..-

---

[1] Ce dernier fragment, en vers anapestiques, nous a été conservé par Dion Chrysostôme (livre I). On croit y reconnaitre les débris d'un chant qui servait à régler la marche des soldats. Ces chants s'appelaient *embatéria* ou encore *enoplia*. Il est probable qu'ils étaient accompagnés de la flûte : c'est du moins ce que nous font supposer différents passages de Plutarque (*Lycurgue*, XXI), de Thucydide (V, 70), de Valère-Maxime (II, 6) et de Cicéron (*Tusculanes*, II, 16). Voir plus haut la notice de M. Guigniaut.

# MIMNERME

# NOTICE SUR MIMNERME

Par M. HUMBERT

---

Mimnerme florissait de 632 à 600. Sa vie paraît s'être écoulée pendant le court règne du roi de Lydie Sadyatte, et pendant la première partie de la longue vie d'Halyatte. Il était né à Colophon, en Ionie, ou plutôt à Smyrne, colonie de la ville de Colophon. Dans une élégie qui devait être toute militaire, comme celles de Callinus et de Tyrtée, il avait célébré la bataille des Smyrnéens contre Gygès et les Lydiens qui furent repoussés.

De cette élégie faisait partie le court fragment que nous avons traduit en premier lieu et qui ne se trouve cité que dans un petit nombre de recueils. D'après les autres fragments qui nous sont parvenus, Mimnerme semble avoir chanté surtout les tristesses du cœur, les peines de la vie et surtout les joies de l'amour. Properce a dit de lui :

Plus in amore valet Mimnermi versus Homero [1].

Ses vers se trouvent dans plusieurs des ou-

---

[1] Élégies, I, 9.

vrages indiqués plus haut dans les Notices sur Théognis et sur Tyrtée, notamment dans les *Gnomici poetæ græci* de Brunck, dans le *Sylloge poetarum græcorum*, tome III, de Boissonade, et dans les *Poetæ lyrici græci*, de Bergk, Leipzig, 1878.

# POÉSIES SUR MIMNERME

TRADUITES

Par M. HUMBERT

---

### I

Tels ne furent pas, je crois, le courage et le noble cœur de ce guerrier. On le voyait, armé de sa lance, chassant devant lui les escadrons compacts de la cavalerie lydienne dans les plaines de l'Hermus. Sa vaillance eût toujours contenté Pallas Athéné elle-même, lorsque dans la mêlée sanglante, il se précipitait au premier rang et par sa vigueur repoussait l'attaque des ennemis. Il n'y avait pas parmi ses ennemis de guerrier plus brave que lui et combattant plus vaillamment, tant que le soleil éclairait la terre de ses rayons.

### II

Que serait la vie, quel plaisir y aurait-il sans Vénus aux cheveux d'or? Puissé-je mourir quand je n'aurai plus à cœur un secret commerce amoureux, les présents doux comme miel, les plaisirs du lit. Les fleurs de la jeunesse doivent êtres cueillies avec empressement par les hommes et par les femmes. Mais quand la douleureuse vieillesse est survenue, elle qui rend semblables l'homme laid et le beau, sans cesse les fâcheux soucis rongent notre âme; on n'a plus de joie à contempler l'éclat du soleil; on est un objet d'aversion pour les jeunes gens, de mépris pour les femmes, tant la divinité a rendu affreuse la vieillesse.

### III

Pour nous, comme les feuilles que fait pousser le printemps, lorsque s'accroît l'éclat du soleil, semblables à elles, nous jouissons des fleurs de la jeunesse, sans avoir appris des dieux où est le bien où est le mal. Mais voici que les sombres Parques se présentent à nous, nous apportant une misérable vieillesse et la mort. Nous jouissons peu de temps de nos jeunes années, de même que le soleil brille peu de temps sur la terre. Aussitôt qu'elles sont terminées, il vaut mieux mourir sur le champ que de continuer à vivre. Car mille maux assiègent notre âme; parfois nous sommes ruinés et en proie à une douloureuse pauvreté; un autre a perdu ses enfants, et c'est accablé de chagrin qu'il quitte la terre pour descendre aux enfers. Un autre a une maladie qui lui ôte la raison. Il n'est pas un homme auquel Jupiter n'envoie mille maux.

### IV

Le plus beau des hommes, lorsque la saison aura changé, ne sera plus cher ni à ses enfants, ni à ses amis.

### V

Jupiter a fait présent à Tithon d'un mal éternel, la vieillesse, qui est plus terrible que la mort.

## VI

L'aimable jeunesse dure aussi peu qu'un songe; la laide, l'horrible vieillesse est bientôt suspendue sur nos têtes; odieuse et détestable, elle rend l'homme méconnaissable, paralyse ses yeux et trouble sa raison.

## VII

Puisse sans maladies, sans douloureux soucis la mort m'atteindre quand j'arriverai à ma soixantième année !

## VIII

Puissions-nous, toi et moi, jouir de la vérité, le meilleur de tous les biens !

## IX

Nous sommes tous portés à porter envie à un homme célèbre, tant qu'il vit, et à le louer dès qu'il est mort.

## X

... De même que les médecins aiment à dire de légères affections qu'elles sont graves, et de simples maladies qu'elles sont très dangereuses, pour se faire valoir.

# SOLON

# NOTICE SUR SOLON

EXTRAITE DE PLUTARQUE, TRADUCTION RICARD [1]

―――

..... Solon était fils d'Exéchestide, homme de peu de crédit et d'une fortune médiocre, mais de la plus illustre maison d'Athènes. Par son père, il tirait son origine du roi Codrus; et sa mère, suivant Héraclide de Pont, était cousine germaine de Pisistrate. Cette parenté forma de bonne heure entre celui-ci et Solon une liaison étroite, qui fut encore cimentée par l'amour qu'inspirèrent à Solon l'heureux naturel et la beauté de Pisistrate. C'est sans doute ce qui fit que les divisions qui éclatèrent entre eux dans la suite pour le gouvernement de la république n'aboutirent pas à une haine violente. Les droits

―――

[1] La vie de Solon, par Plutarque, renferme un assez grand nombre de fragments des poésies de Solon, fragments que l'on ne trouve pas ailleurs; à la traduction en vers, de Ricard, qui est peu exacte, nous avons substitué une traduction en prose plus littérale. Ces fragments sont imprimés en italique.

de leur ancien attachement, subsistant toujours dans leur cœur, y conservèrent le souvenir de cet amour ; de même qu'un grand feu laisse toujours après lui de vives étincelles...

Solon, au rapport d'Hermippus, trouva que la bienfaisance et la générosité de son père avaient considérablement diminué sa fortune. Il ne manquait pas d'amis disposés à lui fournir de l'argent; mais, né d'une famille plus accoutumée à donner qu'à recevoir, il aurait eu honte d'en accepter; et comme il était encore jeune, il se mit dans le commerce. Cependant, suivant quelques auteurs, il voyagea moins dans la vue de trafiquer et de s'enrichir que dans le dessein de connaître et de s'instruire. Il faisait ouvertement profession d'aimer la sagesse ; et, dans un âge fort avancé, il avait coutume de dire qu'il vieillissait en apprenant toujours. Il n'était pas ébloui par l'éclat des richesses, comme il le témoigne dans une de ses élégies :

« *Ils sont également riches, et celui qui a beaucoup d'argent, beaucoup d'or, des champs fertiles, des chevaux, des mulets, et celui qui n'a que les biens suivants : les jouissances que procurent un bon estomac, de vigoureux poumons, des jambes solides, l'amour pendant sa jeunesse ou des plaisirs en rapport à son âge* [1]. »

Il dit pourtant dans un autre endroit :

« *Je désire des richesses, mais je ne veux pas les posséder injustement. La Justice a toujours son heure.* »

---

[1] Le texte des derniers vers est fort incertain.

Mais rien n'empêche qu'un homme de bien, un sage politique ne tienne à cet égard un juste milieu, et que sans rechercher des richesses superflues, il ne méprise pas celles qui sont nécessaires et qui suffisent.

Dans ce temps-là, dit Hésiode, aucun travail n'était regardé comme honteux ; aucun art ne mettait de différence entre les hommes. Le commerce surtout était honorable ; il ouvrait des communications utiles avec les nations étrangères, procurait des alliances avec les rois, et donnait une grande expérience. On a même vu des commerçants fonder de grandes villes. Ainsi Protus gagna l'amitié des Gaulois qui habitaient les bords du Rhône, et bâtit Marseille. Thalès et Hippocrate le mathématicien firent aussi le commerce ; et Platon vendit de l'huile en Égypte pour fournir aux frais de son voyage. On croit donc que la grande dépense que faisait Solon, sa vie délicate et sensuelle, la licence de ses poésies, où il parle des voluptés d'une manière si peu digne d'un sage, furent la suite de son négoce. Comme cette profession expose à de grands dangers, elle invite aussi à s'en dédommager par les plaisirs, et la bonne chère. Cependant on voit, dans ces vers, qu'il se mettait lui-même plutôt au nombre des pauvres que des riches :

« *Beaucoup de gens méchants sont riches, beaucoup de gens honnêtes sont pauvres ; mais nous, nous ne préférons jamais la richesse à la vertu ; la vertu est immuable, les richesses vont de l'un à l'autre.* »

Il ne s'appliqua d'abord à la poésie que par amusement et pour charmer son loisir, sans jamais traiter des sujets sérieux. Dans la suite, il mit en vers des maximes philosophiques, et fit entrer dans ses poèmes plusieurs choses relatives à son administration politique, non pour en faire l'histoire et en conserver le souvenir, mais pour servir à l'apologie de sa conduite. Il y mêlait aussi des exhortations, des avis aux Athéniens, et quelquefois même de vives censures contre eux. On dit encore qu'il avait entrepris de mettre ses lois en vers, et on en cite le commencement :

« *Je prie d'abord le roi Jupiter, fils de Saturne, d'accorder à ces lois bonne chance et gloire.* »

A l'exemple des sages de son temps, il cultiva principalement cette partie de la morale qui traite de la politique. Il n'avait en physique que des connaissances très superficielles, et en était aux premiers éléments de cette science, comme on le voit par ces vers :

« *De la nue viennent la neige et la grêle; le tonnerre naît de l'éclair brillant. La mer est agitée par les vents; mais si aucun souffle ne l'agite, elle est de tous les éléments le plus paisible.* »

En général, Thalès fut, de tous les sages, le seul qui porta au delà des choses d'usage la théorie des sciences; tous les autres ne durent qu'à leurs connaissances politiques la réputation de leur sagesse....

Voici les particularités qu'on raconte d'une

entrevue de Solon avec Anacharsis [1], et d'un entretien qu'il eut avec Thalès. Anacharsis étant venu à Athènes, alla chez Solon ; et, après avoir frappé, il s'annonça pour être un étranger qui venait s'unir avec lui par les liens de l'amitié et de l'hospitalité. Solon lui répondit qu'il valait mieux faire des amis chez soi, que d'en aller chercher ailleurs. « Eh bien ! reprit Anacharsis, puisque vous êtes chez vous, faites donc de moi votre ami et votre hôte. » Solon, charmé de la vivacité de sa réponse, lui fit le meilleur accueil, et le retint quelques jours chez lui. Il s'occupait déjà de l'administration des affaires publiques et commençait à rédiger ses lois. Anacharsis, à qui il en fit part, le railla de son entreprise et de l'espoir qu'il avait de réprimer par des lois écrites l'injustice et la cupidité de ses concitoyens. « Les lois, disait-il, seront pour eux comme des toiles d'araignée : elles arrêteront les faibles et les petits ; les puissants et les riches les rompront et passeront à travers. — Cependant, lui répondit Solon, les hommes gardent les conventions qu'ils ont faites entre eux, quand aucune des parties n'a intérêt à les violer. Je ferai donc des lois si conformes aux intérêts des citoyens, qu'ils croiront eux-mêmes plus avan-

---

[1] Anacharsis, Scythe de nation et de la race royale, mérita par son savoir, par son esprit et par ses vertus, d'être mis au nombre des sept sages. Il alla à Athènes vers la 47ᵉ olympiade, environ 600 ans avant J.-C. De retour dans sa patrie, il voulut changer les lois des Scythes, et leur faire adopter celles des Grecs ; mais il fut tué à la chasse d'un coup de flèche par son frère.

tageux de les maintenir que de les transgresser. »
L'événement justifia la conjecture d'Anacharsis
et trompa l'espoir de Solon. Une autre fois
qu'Anacharsis avait assisté à une assemblée publique, il dit à Solon : « Je suis étonné que, dans
les délibérations des Grecs, ce sont les sages qui
conseillent et les fous qui décident. »

Solon, étant allé à Milet pour voir Thalès, lui
témoigna sa surprise de ce qu'il n'avait jamais
voulu se marier et avoir des enfants. Thalès ne
lui répondit rien dans le moment; mais ayant
laissé passer quelques jours, il fit paraître un
étranger qui disait arriver d'Athènes, d'où il
était parti depuis dix jours. Solon lui demanda
s'il n'y avait rien de nouveau lorsqu'il en était
parti. Cet homme à qui Thalès avait fait la leçon, lui répondit qu'il n'y avait autre chose que
la mort d'un jeune homme dont toute la ville
accompagnait le convoi. C'était, disait-on, le
fils d'un des premiers et des plus vertueux citoyens qui n'était pas alors à Athènes et qui
voyageait depuis longtemps. « Le malheureux
père! s'écria Solon, comment s'appelait-il? Je
l'ai entendu nommer, répondit l'étranger; mais
j'ai oublié son nom; je me souviens seulement
qu'on ne parlait que de sa sagesse et de sa justice. » A chacune de ses réponses les craintes
de Solon augmentaient; enfin troublé, hors de
lui-même, il suggéra le nom à l'étranger, et lui
demanda si ce jeune homme n'était pas le fils
de Solon. « C'est lui-même, » répliqua-t-il. A
cette parole, Solon, se frappant la tête, se mit à
faire et à dire tout ce que la douleur la plus vio-

lente peut inspirer. Alors Thalès, lui prenant la main, lui dit en souriant : « Voilà, Solon, ce qui m'a éloigné de me marier et d'avoir des enfants; j'ai redouté le coup qui vous accable aujourd'hui et contre lequel toute votre fermeté est impuissante. Mais, rassurez-vous ; il n'y a rien de vrai dans tout ce qu'on vient de vous dire. »

Les Athéniens, fatigués de la guerre aussi longue que malheureuse qu'ils soutenaient contre les Mégariens, auxquels ils contestaient la possession de l'île de Salamine, défendirent par un décret, sous peine de mort, de ne jamais rien proposer, ni par écrit ni de vive voix, pour en revendiquer la propriété. Solon indigné d'un décret si honteux, voyant d'ailleurs que le plus grand nombre de jeunes gens ne demandaient pas mieux que de recommencer la guerre, mais qu'ils n'osaient le proposer, retenus par la crainte de la loi, imagina de contrefaire le fou et fit répandre dans la ville, par les gens mêmes de sa maison, qu'il avait perdu l'esprit. Cependant il composa en secret une élégie qu'il apprit par cœur ; et un jour étant sorti brusquement de chez lui, avec un chapeau de héraut sur la tête, il courut à la place publique. Là, le peuple s'étant assemblé autour de lui, il monta sur la pierre d'où les hérauts faisaient leurs proclamations, et chanta cette élégie qui commençait par ces mots :

« *Je viens en héraut de la belle Salamine. Au lieu d'un discours j'ai composé pour vous des vers.* »

Ce poème est appelé Salamine, et contient cent vers qui sont d'une grande beauté. Il n'eût pas plus tôt fini de le chanter que ses amis en firent l'éloge. Pisistrate, de son côté, encouragea si bien les Athéniens, à en croire Solon, que le décret fut révoqué, la guerre déclarée et Solon nommé général.

L'opinion la plus commune sur cette expédition, c''est qu'il s'embarqua avec Pisistrate, qu'il fit voile vers le promontoire de Coliade [1], où il trouva toutes les femmes athéniennes rassemblées pour faire à Cérès un sacrifice solennel. Il envoie sur le champ à Salamine un homme de confiance qui, se donnant pour un transfuge, propose aux Mégariens, alors maîtres de cette île, de le suivre sans retard au promontoire de Coliade, où ils pourront enlever les principales femmes d'Athènes. Les Mégariens, sur sa parole, dépêchent à l'heure même un vaisseau rempli de soldats. Solon, ayant vu ce vaisseau sortir de Salamine, renvoie promptement toutes les femmes, fait prendre leurs coiffures et leurs vêtements aux jeunes Athéniens qui n'avaient pas encore de barbe ; et après leur avoir fait cacher des poignards sous leurs robes, il leur ordonne d'aller jusqu'à ce que les ennemis fussent descendus à terre, et que le vaisseau ne pût lui échapper. Cet ordre fut exécuté : les Mégariens, trompés par ces danses, débarquèrent avec sécurité, et se précipitèrent à l'envie pour enlever ces prétendues femmes ; mais ils furent

---

[1] Dans l'Attique près de Phalère.

tous tués, sans qu'il en échappât un seul ; et les Athéniens s'étant embarqués à l'instant même, se rendirent maîtres de Salamine.

D'autres prétendent que ce ne fut pas là le moyen dont Solon se servit pour surprendre cette île ; mais que, sur un oracle d'Apollon qui était conçu en ces termes :

> Commence par offrir de pieux sacrifices ;
> Sur les bords d'Asopus honore ces héros
> Dont le soleil couchant éclaire les tombeaux ;
> Et que des vœux ardents te les rendent propices,

Solon se rendit la nuit à Salamine et immola des victimes aux héros Périphémus et Cychréus. Ensuite les Athéniens lui ayant donné trois cents volontaires, à qui ils assurèrent par un décret le gouvernement de l'île s'ils s'en rendaient les maîtres, Solon les embarqua sur des bateaux de pêcheurs, escortés par une galère à trente rames, et alla jeter l'ancre vers la pointe de cette île qui regarde l'Eubée. Les Mégariens, qui n'avaient eu sur sa marche que des avis vagues et incertains, courent aux armes en tumulte et envoyèrent à la découverte un vaisseau, qui s'étant trop approché de la flotte des Athéniens fut pris par Solon. Ce général mit aux fers les soldats qui le montaient et les remplaça par l'élite des siens, à qui il ordonna de cingler vers Salamine, en se tenant le plus couverts qu'il pourraient. Lui-même prend le reste de ses troupes et va par terre attaquer les Mégariens. Pendant qu'il en était aux mains avec eux, les soldats qu'il avait fait embarquer arrivent à Salamine et s'en emparent. Ce récit semble confirmé par ce qui se pratiquait anciennement à Athènes. Tous les ans un vaisseau partait de cette ville et se rendait sans bruit à Salamine. Des habitants de l'île venaient tumultuairement au-devant du vaisseau : alors un Athénien s'élançant sur le rivage, les armes à la main, courait en jetant de grands cris, vers cette troupe qui venait de la terre, du côté du promontoire de Scirade, près duquel on voit encore un temple de Mars que Solon fit bâtir après avoir vaincu les Mégariens. Tous ceux qui n'avaient pas péri dans le combat furent renvoyés aux conditions qu'il plut à Solon de leur prescrire.

Cependant les Mégariens s'obstinaient à vouloir reprendre Salamine. Mais enfin les deux peuples après avoir souffert réciproquement autant de maux qu'ils avaient pu en faire, prirent les Lacédémoniens pour arbitres et s'en rapportèrent à leur décision. On dit généralement que Solon, dans cette dispute, s'appuya sur l'autorité d'Homère; que, le jour du jugement, il cita un vers de l'*Iliade*, tiré du dénombrement des vaisseaux, auquel il en ajouta un autre de sa façon :

« *Ajax amenait douze vaisseaux de Salamine; il les arrêta à l'endroit où se tenaient les phalanges des Athéniens.* »

Mais les Athéniens traitent ce récit de conte puéril; ils assurent que Solon prouva clairement aux juges que Phyléus et Eurysacès, fils d'Ajax, ayant reçu le droit de cité à Athènes, firent don de leur île aux Athéniens, et s'établirent, l'un à Braurone, l'autre à Mélite, deux bourgs de l'Attique ; et que Phyléus donna son nom au bourg de Phyléides, d'où était parti Pisistrate. Solon, ajoutent-ils, pour détruire plus sûrement la prétention des Mégariens, établit la propriété des Athéniens sur cette île par la manière dont on y enterrait les morts, qui était la même qu'à Athènes et qui différait de celle de Mégare. Dans cette dernière ville, on leur tournait le visage du côté du levant, au lieu que les Athéniens le leur tournaient vers le couchant. Il est vrai qu'Héréas le Mégarien nie le fait et soutient qu'à Mégare les morts étaient enterrés le visage tourné au couchant. Une preuve plus forte alléguée par cet historien, c'est qu'à Athènes chaque mort avait un tombeau séparé, et qu'à Mégare on en mettait trois ou quatre dans une même sépulture. Mais on prétend que Solon eut pour lui les oracles de la Pythie, dans lesquels le dieu donnait à Salamine le nom de ville ionienne. Ce procès fut jugé par cinq Spartiates : Critolaïdas, Amompharetus, Hypséchidas, Anaxilas et Cléomène.

Ce succès acquit à Solon beaucoup de considération et de crédit ; et sa réputation fut encore accrue par la harangue qu'il prononça pour le temple de Delphes. Il montra qu'on devait en prendre la défense et ne pas souffrir que les Cirrhéens en profanassent l'oracle ; qu'il fallait, pour l'honneur du dieu même, secourir une ville qui lui était consacrée. Les Amphictyons, entraînés par ses raisons, déclarèrent la guerre à ceux de Cirrha. Ce fait est attesté par plusieurs écrivains, et entre autres par Aristote, dans son ouvrage sur les vainqueurs des jeux pythiques, où il attribue ce décret à Solon. Cependant il ne fut pas nommé général ; et c'est à tort qu'Évanthe de Samos l'a avancé, au rapport d'Hermippus. L'orateur Eschine lui-même n'en dit rien ; et l'on voit par les registres de Delphes, que ce fut Alcméon, et non pas Solon, qui commanda les Athéniens dans cette guerre.

Depuis longtemps le crime cylonien causait de grands troubles dans Athènes. Ils avaient pris naissance lorsque les complices de Cylon s'étant réfugiés dans le temple de Minerve, l'archonte Mégaclès leur persuada de se présenter en jugement ; et comme ils craignaient de perdre leur droit d'asile, il leur conseilla d'attacher à la statue de la déesse un fil qu'ils tiendraient à la main. Quand ils furent près du temple des Euménides, le fil s'étant rompu de lui-même, Mégaclès et ses collègues se saisirent d'eux, sous prétexte que cet accident prouvait que la déesse leur refusait sa protection. Ils lapidèrent tous ceux qui furent pris hors du temple ; et ceux qui s'y étaient sauvés furent massacrés au pied des autels. Il n'en échappa à la mort que quelques-uns qui allèrent en suppliant se jeter aux pieds des femmes des archontes. Cette action atroce fit regarder les magistrats comme des sacrilèges et les rendit les objets de la haine publique. Ceux qui étaient restés du parti de Cylon, ayant repris du crédit et de l'autorité furent toujours en guerre ouverte avec les descendants de Mégaclès. Cette sédition était alors dans sa plus grande force et le peuple était partagé entre les deux fractions. Solon, mettant à profit l'estime dont il jouissait, employa près d'elles sa médiation ; et, secondé par les principaux Athéniens, il parvint à force de prières et de remontrances, à déterminer ceux qu'on nommait les sacrilèges à se soumettre au jugement de trois des plus honnêtes citoyens. La cause fut plaidée sur l'accusation de Milon du bourg de Phylée. On condamna les sacrilèges : ceux qui vivaient encore furent bannis ; on déterra les ossements de ceux qui étaient morts et on alla les jeter hors du territoire de l'Attique. Cependant ceux de Mégare, profitant de ces troubles, attaquèrent les Athéniens, les chaschassèrent de Nysie [1] et reprirent Salamine.

Au chagrin que ces pertes causèrent à ceux-ci se joignirent des craintes superstitieuses dont la ville fut frappée et qui venaient d'apparitions de spectres et de fantômes. Des devins déclarèrent aussi que l'état des victimes qu'ils avaient offertes annonçait des crimes et des profanations qu'il fallait expier. On fit donc venir de Crète Épiménide le Phestien, qui est mis au nombre des sept sages par ceux qui n'y comptent pas Périandre. Il passait pour un homme chéri des dieux, doué d'une grande sagesse, fort instruit des choses divines, surtout versé dans la science des inspirations et dans la connaissance des mystères ; on l'appelait, même de son vivant, le

---

[1] Ville située dans le golfe de Corinthe.

nouveau Curette, le fils de la nymphe Balté. Dès qu'il fut arrivé à Athènes, il s'y lia d'amitié avec Solon, l'aida à rédiger ses lois et lui fraya la route pour disposer les Athéniens à les recevoir, en les accoutumant à moins de dépense dans leur culte religieux et à plus de modération dans leur deuil. Il leur apprit d'abord à faire, à leurs funérailles, certains sacrifices qu'il substitua aux pratiques superstitieuses, aux coutumes dures et barbares, auxquelles la plupart des femmes étaient auparavant fort attachées [1]. Mais ce qui était plus important, il fit un grand nombre d'expiations et de sacrifices; il fonda plusieurs temples et, par ces différentes cérémonies, il purifia entièrement la ville, en bannit l'impiété et l'injustice et la rendit plus soumise, plus disposée à l'union et à la paix. On rapporte aussi que, lorsqu'il vit le fort de Munychium, il le considéra longtemps et dit à ceux qui l'accompagnaient : « Que les hommes sont aveugles sur l'avenir! Si les Athéniens pouvaient prévoir tous les maux que ce lieu doit un jour causer à leur ville, ils l'emporteraient à belles dents. » Thalès eut aussi, dit-on, un pressentiment à peu près semblable. Il ordonna qu'on l'enterrât dans le lieu le plus sauvage et le plus désert du territoire de Milet; et il prédit aux Milésiens qu'un jour leur marché public y serait transporté. Les Athéniens pleins de reconnaissance et d'admiration pour Epiménide, voulurent

---

[1] Les femmes athéniennes avaient coutume, dans ces occasions, de se meurtrir et de se déchirer le visage.

le combler d'honneurs et de présents ; mais il ne demanda qu'une branche de l'olivier sacré qui lui fut accordée, et il s'en retourna en Crète.

Le bannissement de tous ceux qui étaient complices du crime cylonien avait rétabli la tranquillité dans Athènes ; mais bientôt les anciennes dissensions sur le gouvernement se ranimèrent, et la ville se partagea en autant de factions qu'il y avait de différentes sortes de territoire dans l'Attique. Les habitants de la montagne demandaient un gouvernement populaire ; ceux de la plaine préféraient un État oligarchique ; et ceux de la côte, portés pour un gouvernement mixte, balançaient les deux autres partis et empêchaient que l'un n'eût l'avantage sur l'autre. Dans le même temps, la division que cause presque toujours entre les pauvres et les riches l'inégalité de fortune étant plus animée que jamais, la ville, dans une situation si critique, semblait n'avoir d'autre moyen de pacifier les troubles et d'échapper à sa ruine, que de se donner un roi. Les pauvres accablés par les dettes qu'ils avaient contractées envers les riches, étaient contraints de leur céder le sixième du produit de leurs terres ; ce qui leur faisait donner le nom de sixenaires et de mercenaires ; ou bien, réduits à engager leurs propres personnes, ils se livraient au pouvoir de leurs créanciers, qui les retenaient comme esclaves ou les envoyaient vendre en pays étranger ; plusieurs même étaient forcés de vendre leurs propres enfants, ce qu'aucune loi ne défendait, ou ils fuyaient leur patrie pour se dérober à la cruauté des usuriers. Le plus grand nombre et les plus animés d'entre eux s'étant assemblés, s'excitèrent les uns les autres à ne plus souffrir ces indignités : ils résolurent de se donner pour chef un homme digne de leur confiance, d'aller sous sa conduite délivrer les débiteurs qui n'avaient pu payer aux termes convenus, de faire un nouveau partage des terres et de changer toute la forme du gouvernement.

Dans cette fâcheuse conjoncture, les plus sages des Athéniens eurent recours à Solon, comme le seul qui ne fût suspect à aucun des partis, parce qu'il n'avait ni partagé l'injustice des riches, ni approuvé le soulèvement des pauvres : ils le prièrent de prendre en main les affaires et de mettre fin à ces divisions. Phanias de Lesbos prétend que Solon, pour sauver la ville, trompa également les deux factions ; qu'il promit secrètement aux pauvres le partage des terres, et aux riches la confirmation de leurs créances. Il ajoute cependant que Solon balança longtemps s'il prendrait une administration aussi difficile, où il avait à craindre et l'avarice des uns et l'insolence des autres. Enfin il fut élu archonte après Philombrotus et chargé en même temps de faire des lois de pacification. Ce choix fut agréable à tous les partis : aux riches, parce que Solon l'était lui-même ; aux pauvres, parce qu'ils le connaissaient pour un homme de bien. Il courut même alors ce mot de lui, que l'égalité ne produit pas la guerre, mot qui plut et aux riches et aux pauvres : les premiers espéraient compenser cette égalité par leurs dignités et leur vertu, les autres l'attendaient de leur nombre et de la mesure des terres qui leur seraient distribuées. Les deux partis ayant donc conçu les plus grandes espérances, leurs chefs sollicitaient Solon de se faire roi et de prendre le gouvernement d'une ville où il avait déjà tout le pouvoir. La plupart même de ceux qui tenaient le milieu entre les deux partis, n'espérant pas de la raison et des lois un changement favorable, n'étaient pas éloignés de remettre toute l'autorité entre les mains de l'homme le plus juste et le plus sage. On dit même qu'il reçut de Delphes l'oracle suivant :

> A la poupe placé, le gouvernail en main,
> De ce vaisseau flottant assure le destin :
> Tous les Athéniens te seront favorables.

Ses amis surtout lui reprochaient de n'oser s'élever à la monarchie, parce qu'il en craignait le nom ; comme si la vertu de celui qui s'était emparé de la tyrannie n'en faisait pas une royauté légitime. « N'en a-t-on pas vu, lui disaient-ils, un exemple en Eubée, dans la personne de Tinnondas? et ne le voyons-nous pas encore aujourd'hui à Mitylène, où l'on a investi Pittacus du pouvoir suprême? » Mais Solon ne put être ébranlé par toutes ces raisons ; il répondit à ces amis que la tyrannie était un beau pays, mais qu'il n'avait point d'issue. Dans ses poésies, il dit sur ce sujet à Phocus :

« *Si j'ai épargné ma patrie, si je n'ai pas voulu, dans la crainte de flétrir ma gloire, avoir recours à la tyrannie et à la violence, je ne le regrette point; car par là je crois devoir l'emporter sur tous les hommes.* »

Cela prouve qu'avant même d'avoir publié ses lois, il jouissait d'une grande considération. Au reste, il rappelle lui-même dans ses poésies, les railleries qu'on faisait de lui pour avoir refusé la puissance souveraine :

« *Certes, Solon ne s'est montré ni sage, ni avisé; les dieux lui mettaient en main le bonheur et il ne l'a pas saisi; le butin était dans les rêts, et voilà qu'il s'est détourné avec dépit au lieu de tirer à lui le filet tout chargé; il faut qu'il ait perdu la raison et le sens, cela est clair, car en prenant pour lui ces immenses richesses, en régnant sur Athènes, ne fût-ce qu'un seul jour, il se fût procuré ensuite le plaisir d'être écorché vif et d'entraîner la ruine de sa famille.* »

Voilà comment il fait parler sur son compte les gens du peuple et les méchants.

Mais le refus qu'il avait fait de régner ne le rendit pas plus lâche ni plus mou dans l'administration des affaires. Il ne céda rien par faiblesse aux citoyens puissants, et ne chercha pas dans ses lois à flatter ceux qui l'avaient élu. Il conserva tout ce qui lui parut supportable; il ne voulut pas trancher dans le vif, et appliquer mal à propos des remèdes violents, de peur qu'après avoir changé et bouleversé toute la ville, il n'eût pas assez de force pour la rétablir et lui donner une meilleure forme de gouvernement. Il ne se permit que les changements qu'il crut pouvoir faire adopter par persuasion ou recevoir d'autorité, *en unissant*, comme il le disait lui-même, *la force à la justice.* On lui demanda quelque temps après s'il avait donné aux Athéniens les lois les meilleures. « Oui, répondit-il, les meilleures qu'ils pussent recevoir. » Des écrivains modernes disent que les Athéniens ont coutume d'adoucir la dureté de certaines choses en les exprimant par les termes doux et honnêtes : par exemple, ils appellent les courtisanes des amies ; les impôts, des contributions ; des garnisons des gardes de ville ; les prisons des maisons. Cet adoucissement fut, à ce qu'il paraît, une invention de Solon, qui donna le nom de décharge à l'abolition des dettes.

Sa première ordonnance portait que toutes les dettes qui subsistaient seraient abolies, et qu'à l'avenir les engagements pécuniaires ne seraient plus soumis à la contrainte par corps. Cependant quelques auteurs, entre autres Androtion, ont dit que Solon n'abolit pas les dettes ; qu'il en réduisit seulement les intérêts ; et que les pauvres, satisfaits de ce soulagement, donnèrent eux-mêmes le nom de décharge à cette loi pleine d'humanité. Elle comprenait aussi l'augmentation des mesures et la valeur des monnaies. La mine ne valait que soixante-treize drachmes ; elle fut portée à cent : de manière que ceux qui devaient des sommes considérables, en donnant une valeur égale en apparence, quoique moindre en effet, gagnaient beaucoup sans rien faire perdre à leurs créanciers. Cependant la plupart des auteurs conviennent que cette décharge fut une véritable abolition de toutes les dettes ; et leur sentiment est confirmé par ce que Solon lui-même en a dit dans ses poésies, où il se glorifie « *d'avoir fait disparaître de l'Attique ces écriteaux qui désignaient les terres engagées pour dettes* [1]. *Le territoire d'Athènes,* disait-il, *auparavant esclave, est libre maintenant.* » Les citoyens qu'on avait adjugés à leurs créanciers ont été, les uns ramenés des pays étrangers où on les avait vendus, et « *où ils avaient si longtemps erré qu'ils n'entendaient plus la langue attique; les autres remis en liberté dans leur propre pays, où ils étaient réduits au plus honteux esclavage.* »

Cette ordonnance lui attira le plus fâcheux déplaisir qu'il pût éprouver. Pendant qu'il s'occupait de cette abolition, qu'il travaillait à la présenter sous les termes les plus insinuants et à mettre en tête de sa loi un préambule convenable, il en communiqua le projet à trois de ses meilleurs amis, Conon, Clinias et Hipponicus, qui avaient toute sa confiance. Il leur dit qu'il ne toucherait pas aux terres et qu'il abolirait seulement les dettes. Ceux-ci se hâtant de prévenir la publication de la loi, empruntent à des gens riches des sommes considérables et en achètent des grands fonds de terre. Quand le décret eut paru, ils gardèrent les biens et ne rendirent pas l'argent qu'ils avaient emprunté. Leur mauvaise foi excita des plaintes amères contre Solon et le fit accuser d'avoir été non la dupe de ses amis,

---

[1] En Grèce, les propriétaires qui avaient engagé pour dettes leurs terres ou leurs maisons étaient obligés de mettre des écriteaux qui marquaient les sommes pour lesquelles ces biens étaient hypothéqués.

mais le complice de leur fraude. Ce soupçon injurieux fut bientôt détruit, quand on le vit aux termes de sa loi, faire la remise de cinq talents qui lui étaient dus, ou même de quinze, selon quelques auteurs, et entre autres Polyzelus de Rhodes. Cependant ses trois amis furent appelés depuis les Créocopides. Cette ordonnance déplut également aux deux partis : elle offensa les riches qui perdaient leurs créances, et mécontenta encore plus les pauvres qui se voyaient frustrés du nouveau partage des terres qu'ils avaient espéré, et qui n'obtenaient pas cette parfaite égalité de biens que Lycurgue avait établie entre les citoyens. Mais Lycurgue était le onzième descendant d'Hercule ; il avait régné plusieurs années à Lacédémone ; il y jouissait d'une grande autorité ; il avait beaucoup d'amis ; il possédait de grands biens ; et tous ces avantages lui furent d'un grand secours pour exécuter son plan de réforme. Avec tout cela, il fut obligé d'employer la force plus encore que la persuasion ; il lui en coûta un œil pour faire passer la plus importante de ses institutions, la plus propre à rendre sa ville heureuse, à y maintenir la concorde, en ne laissant parmi les citoyens ni riche ni pauvre. Solon, au contraire, né d'une famille plébéienne dans une condition médiocre, ne pouvait aspirer à une pareille entreprise ; mais du moins ne resta-t-il pas au-dessous des moyens qu'il avait en sa puissance, n'étant soutenu que par sa sagesse et par la confiance qu'on avait en lui. Au reste, il témoigne lui-même que cette loi avait offensé la plupart des

Athéniens, qui s'étaient attendus à autre chose.

« *Ils avaient eu alors de vaines espérances, et maintenant, irrités contre moi, ils me regardent avec colère comme un ennemi.* »

Mais, ajoute-t-il, tout autre avec la même autorité « *n'aurait pas agi avec autant de modération et ne se serait pas arrêté avant d'avoir jeté le trouble partout et enlevé la crème du lait.* »

Toutefois les Athéniens ne tardèrent pas à reconnaître l'utilité de cette loi; ils cessèrent de murmurer, firent en commun un sacrifice qu'ils appelèrent le sacrifice de la décharge, confirmèrent à Solon le titre de législateur et le chargèrent de réformer le gouvernement. Ils lui conférèrent pour cela un pouvoir si illimité, qu'il se trouva maître des charges, des assemblées, des délibérations et des jugements; qu'il pouvait créer tous les officiers publics, régler leurs revenus, leur nombre, la durée de leur administration et révoquer ou confirmer à son gré tout ce qui avait été fait avant lui.

Il commença par abroger toutes les lois de Dracon, excepté celles qui regardaient le meurtre : excessivement sévères dans les punitions, elles ne prononçaient qu'une même peine pour toutes les fautes : c'était la peine de mort. Ceux qui étaient convaincus d'oisiveté, ceux qui n'avaient volé que des légumes ou des fruits, étaient punis avec la même rigueur que les sacrilèges et les homicides. Aussi, dans la suite, Démade disait-il avec raison que Dracon avait écrit ses lois non avec de l'encre, mais avec du sang. Quand on demandait à ce législateur pourquoi il avait ordonné la peine de mort pour toutes les fautes, il répondait : « J'ai cru que les moindres fautes « méritaient cette peine, et je n'en ai pas trouvé « d'autre pour les plus grandes. »

En second lieu, Solon, voulant laisser les riches en possession des magistratures, et donner aux pauvres quelque part au gouvernement, dont ils étaient exclus, fit faire une estimation des biens de chaque particulier. Il rangea dans la première classe les citoyens qui avaient cinq cents médimnes de revenu, tant en grains qu'en liquides; et il les appela les pentacosiomédimnes. La seconde classe comprit ceux qui avaient trois cents médimnes, et qui pouvaient nourrir un cheval; ils furent nommés les chevaliers. Ceux qui avaient deux cents médimnes composèrent la troisième classe, sous le nom de zeugites. Tous les autres, dont le revenu était au-dessous de deux cents mines, furent appelés thètes. Il ne permit pas à ces derniers l'entrée dans les magistratures, et ne leur donna d'autre part au gouvernement que le droit de voter dans les assemblées et dans les jugements; droit qui ne parut rien d'abord, mais qui, dans la suite, devint très considérable; car la plupart des procès étaient portés devant les juges, et l'on appelait au peuple de tous les jugements que rendaient les magistrats. D'ailleurs, l'obscurité des lois de Solon, les sens contradictoires qu'elles présentaient souvent, accrurent beaucoup l'autorité des tribunaux. Comme on ne pouvait pas décider les affaires par le texte même des lois, on avait toujours besoin des juges, à qui l'on portait en dernier appel la décision de tous les différends, ce qui les mettait en quelque sorte au-dessus même des lois. Solon, dans ses poésies, parle de cette compensation qu'il avait établie entre les riches et les pauvres : « *J'ai donné au peuple un pouvoir suffisant; je n'ai ni diminué, ni accru ses honneurs. Quant à ceux qui étaient puissants et riches, je les ai mis dans l'impossibilité de commettre des injustices. J'ai muni chacun des deux partis d'un fort bouclier; il n'est plus permis à l'un d'opprimer l'autre.* »

Pour donner un nouveau soutien à la faiblesse du peuple, il permit à tout Athénien de prendre la défense d'un citoyen insulté. Si quelqu'un avait été blessé, battu, outragé, le plus simple particulier avait le droit d'appeler et de poursuivre l'agresseur en justice. Le législateur avait sagement voulu accoutumer les citoyens à se regarder comme membres d'un même corps, à partager les maux les uns des autres. On cite de lui un mot qui a rapport à cette loi. On lui demandait un jour quelle était la ville la mieux policée : « C'est, répondit-il, celle où tous les citoyens sentent l'injure qui a été faite à l'un d'eux, et en poursuivent la réparation aussi vivement que celui qui l'a reçue. »

Dès que ses lois eurent été publiées, il se vit assailli par une foule de gens qui venaient les uns pour les louer ou les blâmer, les autres pour le prier d'y ajouter ou d'en retrancher à leur gré. La plupart lui en demandaient des explications, et voulaient qu'il leur en développât le sens, et la manière dont il fallait les entendre : il eût été déraisonnable de les refuser ; les satisfaire, c'était s'exposer à l'envie. Pour éviter ces difficultés, pour se dérober aux importunités et aux plaintes, car, comme il le disait lui-même : « *Dans les grandes affaires il est difficile de plaire à tout le monde,* » il demanda aux Athéniens un congé de dix ans, et s'embarqua, sous prétexte qu'il voulait aller commercer sur mer. Il espéra que ce temps-là suffirait pour les accoutumer à ses lois. Il alla d'abord en Égypte, où, comme il le dit, il demeura quelque temps « *aux embouchures du Nil, près du rivage de Canope.* » Il y eut de fréquents entretiens sur les matières philosophiques avec Psénophis l'Héliopolitain et Sonchis le Saïte. Ce fut d'eux, au rapport de Platon, qu'il apprit ce que l'on raconte de l'île Atlantide, dont il se proposa de mettre le récit en vers, pour le faire connaître aux Grecs. De là il passa en Cypre, où il se lia d'amitié avec un des rois du pays, nommé Philocypre, qui habitait une petite ville bâtie par Démophon, fils de Thésée, près du fleuve de Claros. Elle était située sur un lieu fort et escarpé, mais dans un terrain stérile et ingrat. Solon lui persuada de transporter sa ville dans une belle plaine qui s'étendait au-dessous de ce rocher, et de la bâtir plus grande et plus agréable. Il aida même à la construire, et à la pourvoir de tout ce qui pouvait y faire régner l'abondance et contribuer à sa sûreté. Elle fut bientôt si peuplée, qu'elle donna de la jalousie aux rois voisins. Philocypre, par une juste reconnaissance pour Solon, donna le nom de Soles à sa ville, qui auparavant s'appelait Aïpéia (*élevée*). Solon, dans une de ses élégies, où il adresse la parole à Philocypre, parle de la nouvelle fondation de cette ville :

« *Puisses-tu régner à Soles pendant de longues années, tranquille dans cette ville, toi et ta famille ! Pour moi, que sur mon rapide vaisseau qui m'emportera loin de cette île célèbre, Vénus couronnée de violettes daigne me protéger. Puisse la déesse m'accorder pour cette fondation bienveillance, noble gloire et bon retour dans ma patrie !* »

Cependant son absence avait replongé les Athéniens dans leurs premières dissensions. Les habitants de la plaine avaient Lycurgue à leur tête ; Mégaclès, fils d'Alcméon, était chef de ceux de la côte ; et Pisistrate, de ceux de la montagne. A ces derniers s'était jointe la tourbe des mercenaires, ennemis déclarés des riches. La ville observait encore les lois de Solon ; mais tous les citoyens mettaient leur espoir dans la nouveauté, et désiraient une autre forme de gouvernement ; non qu'aucun parti voulût rétablir l'égalité, mais chacun d'eux espérait de gagner au changement et de dominer les partis contraires. Les choses étaient en cet état quand Solon revint à Athènes ; il y fut reçu de tout le monde avec beaucoup d'honneur et de respect. Comme son grand âge ne lui permettait plus de parler et d'agir en public avec la même force et la même activité qu'auparavant, il s'aboucha avec les chefs des partis, et travailla, dans des conférences particulières, à terminer leurs différends et à les réconcilier ensemble. Pisistrate surtout paraissait entrer dans ses vues. Il était d'un caractère aimable, insinuant dans ses propos, secourable envers les pauvres, doux et modéré pour ses ennemis. Il savait si bien imiter les qualités que la nature lui avait refusées, qu'il paraissait les posséder à un plus haut degré que ceux qui en étaient doués naturellement, et qu'il passait généralement pour un homme modeste, réservé, zélé partisan de la justice et de l'égalité, ennemi déclaré de ceux qui voulaient changer la forme actuelle du gouvernement et introduire des nouveautés. C'était par cette dissimulation qu'il imposait au peuple. Mais Solon, qui eut bientôt connu son caractère, vit aisément où il tendait; et, sans rompre avec lui, il essaya de l'adoucir, de le ramener par ses avis. Il lui disait souvent à lui-même et aux autres que si l'on pouvait déraciner de son âme cette ambition démesurée, cette soif de dominer dont il était dévoré, il n'y aurait pas dans Athènes de meilleur citoyen ni d'homme plus fait pour la vertu.

Cependant Pisistrate, après s'être blessé lui-même, se fit porter sur la place dans un chariot, et souleva la multitude en lui persuadant que c'étaient ses ennemis qui, ne pouvant souffrir son zèle pour la République, l'avaient mis dans cet état. La populace commençait déjà à faire éclater son indignation par des cris, lorsque Solon, s'approchant de Pisistrate, lui dit : « Fils
« d'Hippocrate, tu copies mal l'Ulysse d'Homère :
« il ne se blessa que pour surprendre ses enne-

« mis, et tu l'as fait pour tromper tes conci-
« toyens. » Mais, comme la populace était près
d'en venir aux mains pour soutenir Pisistrate,
on prit le parti de convoquer l'Assemblée. Aris-
ton ayant proposé qu'on accordât cinquante
gardes à Pisistrate pour la sûreté de sa personne,
Solon se leva et combattit avec force cette pro-
position par des raisons qu'il inséra depuis dans
ses poésies :

« *Vous ne faites attention qu'à la langue et aux paroles de cet homme séduisant. Chacun de vous en particulier marche sur les traces du renard; réunis, vous n'avez plus qu'un esprit vide de sens.* »

Mais voyant que les pauvres se déclaraient ouvertement pour Pisistrate et excitaient du tumulte, que les riches effrayés se retiraient de l'Assemblée, il en sortit lui-même, et dit tout haut qu'il avait été plus prudent que les pauvres, qui n'avaient pas vu les intrigues de Pisistrate, et plus courageux que les riches, qui, en les voyant, n'avaient pas osé s'opposer à la tyrannie. Le peuple ayant confirmé le décret d'Ariston, Solon ne disputa point avec Pisistrate sur le nombre des gardes qu'on lui donnerait; il lui en laissa prendre tant qu'il voulut, et Pisistrate se rendit enfin maître de la citadelle. Pendant le trouble que cette entreprise excita dans la ville, Mégaclès s'enfuit précipitamment avec les autres Alcméonides.

Solon, malgré son extrême vieillesse et cet abandon général, se rendit sur la place; et reprochant avec force aux Athéniens leur imprudence et leur lâcheté, il les exhortait, il les pressait vivement de ne pas trahir la cause de la liberté. Ce fut dans cette occasion qu'il dit ce mot devenu depuis si célèbre : « Avant ce « jour il vous eût été facile de réprimer la ty-« rannie naissante ; maintenant qu'elle est établie, il sera plus grand et plus glorieux de la détruire. » Mais quand il vit que la frayeur avait saisi tous les citoyens, et que personne ne l'écoutait, il rentra chez lui, prit ses armes et les posa dans la rue, devant sa porte, en disant : « J'ai défendu autant qu'il m'a été possible la « patrie et les lois ; » et depuis il se tint tranquille. Ses amis lui conseillaient de prendre la fuite ; mais il ne daigna pas même les écouter, et resta dans sa maison, s'occupant à faire des vers dans lesquels il reprochait aux Athéniens toutes leurs fautes : « *Si vous avez souffert ces maux par votre lâcheté, n'accusez pas les dieux d'en être les auteurs. Vous avez grandi vous-mêmes ceux qui vous oppriment en leur donnant des gages et voilà pourquoi vous êtes opprimés par la servitude.* »

On ne cessait pourtant de l'avertir que le tyran irrité de ces vers, le ferait mourir ; et comme on lui demandait sur quoi il se fiait pour parler avec tant d'audace : « Sur ma vieillesse » répondit-il. Mais quand Pisistrate fut devenu entièrement le maître, il donna à Solon tant de marques de considération et de bienveillance, il l'appela si souvent auprès de sa personne qu'enfin ce législateur devint son conseil et approuva la plupart des choses qu'il fit. Il est vrai que Pisistrate maintenait la plupart des lois de Solon, qu'il était le premier à les observer et les faisait observer à ses amis. Accusé de meurtre devant l'aréopage, tout revêtu qu'il était du pouvoir suprême, il parut modestement pour se justifier; mais l'accusateur se désista de sa poursuite. Il fit lui-même quelques lois, et entre autres celle qui ordonnait que les citoyens qui auraient été estropiés à la guerre seraient nourris aux dépens du public. Cependant Solon, au rapport d'Héraclide, avait déjà fait rendre un pareil décret en faveur de Thersippe; et Pisistrate ne fit que l'imiter et rendre la loi générale. Théophraste prétend que la loi contre les gens oisifs n'est pas de Solon, mais de Pisistrate : elle contribua à faire mieux cultiver la campagne et à rendre Athènes plus tranquille.

Solon avait entrepris de mettre en vers l'histoire ou la fable des Atlantides, qu'il tenait des sages de Saïs, et qui intéressait les Athéniens. Mais il y renonça bientôt, non, comme Platon l'a dit, qu'il en fût détourné par d'autres occupations, mais plutôt à cause de sa vieillesse, et parce qu'il était effrayé de la longueur du travail; car il vivait alors dans un très grand loisir, comme il le dit lui-même dans ce vers : « *Je vieillis en apprenant toujours davantage.* » Et ailleurs : *J'aime les dons de Cypris, de Bacchus et des Muses; ils font la joie des mortels.* »

Platon s'emparant de ce sujet comme d'une belle terre abandonnée et qui lui revenait par droit de parenté [1], se fit un point d'honneur de

---

[1] Il descendait d'un frère de Solon.

l'achever et de l'embellir. Il y mit un vestibule superbe, l'entoura d'une magnifique enceinte et de vastes cours, et y ajouta de si beaux ornements, qu'aucune histoire, aucune fable, aucun poème n'en eurent jamais de semblables. Mais il l'avait commencé trop tard ; prévenu par la mort, il n'eut pas le temps de l'achever ; et ce qui manque de cet ouvrage laisse au lecteur autant de regrets que ce qui en reste leur cause de plaisir. De tous les temples d'Athènes, celui de Jupiter Olympien est celui qui ne soit pas fini ; de même entre tant de beaux ouvrages que la sagesse de Platon a enfantés, son Atlantide est le seul qu'il ait laissé imparfait. Héraclide de Pont dit que Solon survécut assez longtemps à l'usurpation de la tyrannie par Pisistrate ; mais si l'on en croit Phanias d'Erèse, il ne vécut pas deux ans entiers. Car Pisistrate s'était emparé de l'autorité souveraine de l'archonte Comias ; et Solon, suivant le même Phanias, mourut sous l'archonte Hégestrate, successeur de Comias. On a dit que ses cendres avaient été semées dans l'île de Salamine ; mais c'est le conte le plus absurde et le plus destitué de vraisemblance. Il est cependant rapporté par plusieurs auteurs dignes de foi, et même par le philosophe Aristote.

# POÉSIES DE SOLON

TRADUITES

PAR M. HUMBERT [1]

---

### I

Reproches à Mimnerme qui avait dit qu'il désirait mourir à soixante ans :

Si tu veux encore me croire, efface ce mot ; ne te fâche pas contre moi si j'ai mieux réfléchi que toi ; change ce passage et dis ainsi : Puissé-je mourir à quatre-vingts ans !... Que la mort ne me vienne pas sans faire verser des larmes ; que je laisse à mes amis après moi des regrets et des gémissements.

### II

Heureux celui qui a de chers enfants, de beaux chevaux, des chiens de chasse et une hôte étranger.

### III

Filles illustres de Mnémosyne et de Jupiter Olympien, Muses de Piérie, écoutez mes prières : faites que

---

[1] Les fragments déjà traduits dans la Notice sur Solon n'ont été réimprimés ici, que lorsqu'ils faisaient partie de fragments plus considérables.

les dieux immortels me donnent la félicité et que je mérite toujours l'estime des hommes ; accordez-moi d'être toujours doux pour mes amis, terrible pour mes ennemis, respecté des premiers, craint des seconds. Je désire avoir des richesses, mais je ne veux pas les posséder injustement, car le châtiment finit toujours par arriver. La fortune que donnent les dieux est solide de la base au sommet ; celle que les hommes se procurent par des crimes n'est pas acquise légitimement : produit d'actes injustes, elle cède avec peine à la main qui la prend et s'allie bientôt au malheur ; ce malheur est comme un incendie qui au début n'est presque rien et qui plus tard devient terrible. Ce que les mortels acquièrent par l'injustice ne dure pas. A la fin Jupiter fait tout disparaître ; c'est comme le vent du printemps qui, après avoir bouleversé jusqu'au fond les flots tumultueux de la mer et dévasté les riantes moissons de nos champs, chasse devant lui les nuages, remonte au ciel et rend au monde une sérénité admirable à voir ; le soleil couvre la campagne de ses rayons éclatants et toutes les nuées ont disparu. Telle est la vengeance de Jupiter et sa colère est plus prompte que celle des mortels. Quiconque a le cœur criminel ne peut lui échapper longtemps ; il est bientôt découvert. Celui-ci est puni tout de suite ; cet autre un peu plus tard. Si quelques-uns semblent d'abord échapper à leur destinée, elle finit par les atteindre ; la punition méritée par les pères retombe sur leurs enfants innocents ou sur leurs petits enfants. Pour nous, mortels, nous pensons ainsi : les bons et les méchants se valent ; chacun a cette opinion, jusqu'à ce que la souffrance se fasse sentir ; alors on se lamente, mais jusque-là on s'est bercé de vaines espérances. Celui qui est en proie à une maladie terrible songe au moment où il aura recouvré la santé. Un autre qui est lâche se croit brave; un homme laid s'imagine qu'il est beau. Un malheureux, écrasé par la pauvreté, se figure posséder d'immenses richesses. Tous s'agitent de différentes façons : celui-ci risque sa vie en allant sur un frêle esquif, à travers la mer agitée par la fureur des vents, chercher des richesses qu'il rapportera dans sa maison. Un autre creuse la terre pour y planter des arbres, travaille toute l'année comme un mercenaire et prend plaisir à tracer des sillons. Un autre instruit dans les travaux chers à Minerve et à l'adroit Vulcain, gagne sa vie par l'industrie de ses mains. Un autre, disciple des Muses qui habitent l'Olympe, arrive à posséder une aimable sagesse. Un autre, par la grâce d'Apollon qui envoie au loin ses traits, est devenu prophète; il sait longtemps à l'avance quels maux menacent les hommes et celui auquel des dieux seront favorables; mais aucun présage ne peut empêcher ce qui est fixé par le destin et par les dieux. D'autres, médecins, sont instruits dans l'art de Péon et connaissent beaucoup de remèdes; eux, non plus, ne peuvent réussir complètement; souvent à une faible douleur succède une grave maladie; personne ne peut la guérir par l'emploi des meilleurs remèdes, tandis que, par la simple imposition des mains, la santé est rendue à cet autre qui souffrait des douleurs les plus violentes. C'est le destin qui distribue aux hommes et leurs maux et leurs biens et ils ne peuvent éviter ce que veulent leur donner les dieux immortels. Nul de nos actes n'est exempt de danger; personne ne sait, quand il entreprend une chose, en prévoir la fin. L'un commence par bien faire, mais il manque de prudence et tombe dans une grande faute et un grand embarras. D'autres s'y prennent mal ; mais la divinité leur accorde malgré tout un heureux succès et ils ne portent pas la peine de leur imprévoyance. L'ambition des richesses est sans limite : ceux qui parmi nous possèdent la plus grande fortune veulent la doubler. Qui pourrait satisfaire tout le monde ? Certes les dieux immortels nous ont fait de beaux présents, mais le malheur provient de nous-mêmes, et quand Jupiter veut nous accabler et nous punir, il le fait pour chacun de nous d'une façon différente.

### IV

Aucun homme n'est heureux ; il est vrai que de tous les mortels que le soleil éclaire de ses rayons aucun n'est vertueux.

### V

Il est très difficile de connaitre les limites cachées de la science, car elle englobe tout.

### VI

La volonté des immortels est un mystère pour les hommes.

### VII

L'orgueil engendre l'insolence, quand il est accompagné d'une grande richesse.

## VIII

C'est dans les sept premières années de sa vie que poussent les dents du jeune enfant; lorsque la divinité lui a accordé encore sept autres années, on voit paraître chez lui les marques de la puberté. Dans le troisième âge (*quatorze à vingt et un ans*) ses membres s'accroissent et son menton se couvre d'un léger duvet d'une couleur encore indécise. Dans les sept années suivantes (de *vingt-deux à vingt-huit ans*), l'homme a toute sa vigueur et sa vertu apparaît dans tout son lustre. Dans le cinquième âge (de *vingt-neuf à trente-cinq ans*) il est temps pour lui de songer à se marier et à laisser après lui des enfants. Dans le sixième âge (de *trente-six ans à quarante-deux ans*), l'esprit de l'homme a reçu tout son développement et il est incapable de faire aucune action honteuse. C'est dans les sept, et même dans les quatorze années suivantes (de *quarante-trois à cinquante-six ans*), qu'il pense et parle le mieux. Dans le neuvième âge (de *cinquante-sept à soixante-trois ans*), il a encore quelque valeur, mais son corps et son esprit ont moins de force pour accomplir les grandes actions qui font la vertu. Dans le dixième âge, quand la divinité lui accorde encore sept autres années, s'il succombe à la mort, ce n'est point prématurément.

## IX

Notre ville ne périra jamais par la volonté de Jupiter et de l'avis des dieux bienheureux. Elle est aussi protégée par la fille illustre de Jupiter, Pallas Athéné, gardienne vigilante, qui la défend de ses mains. Mais des citoyens insensés, avides de richesses, veulent eux-mêmes détruire cette puissante cité. Les chefs du peuple rêvent le crime et pour leur insolence extrême ils sont menacés de grands châtiments. Ils ne savent pas contenir leur orgueil, ni goûter avec tranquillité les plaisirs d'un festin...... Ils cherchent à s'enrichir par des actions injustes..... Ils ne respectent ni les propriétés sacrées, ni le trésor public ; ils s'enrichissent en se volant l'un l'autre et n'ont aucun souci des saintes lois de la Justice. Mais si la Justice se tait, elle garde le souvenir de ce qui s'est passé et de ce qui se passe, elle vient à son heure et châtie les coupables. C'est ainsi qu'une plaie incurable s'est étendue sur toute la cité qui est tombée tout à coup en une affreuse servitude ; alors est née la guerre civile, les haines assoupies se sont réveillées et beaucoup de citoyens ont péri à la fleur de l'âge. Attaquée par ses ennemis, la ville jadis florissante est bientôt écrasée dans des combats funestes aux siens. Tels sont les maux qui accablent le peuple ; parmi les pauvres beaucoup s'en vont sur une terre étrangère, vendus et indignement chargés de chaînes... C'est ainsi que le malheur public pénètre dans la maison de chacun : les portes extérieures ne peuvent l'arrêter, il franchit les murs élevés et atteint partout celui qu'il poursuit, quand même il s'enfuirait dans l'endroit le plus reculé ou dans son lit. Mon cœur m'ordonne de dénoncer aux Athéniens les maux que le mépris des lois entraîne pour l'État. La légalité, au contraire, fait régner partout le bon ordre et l'harmonie ; elle s'oppose aux mauvaises actions des méchants ; elle tempère la dureté, elle réfrène l'orgueil, elle repousse l'injure, elle arrête le mal à sa naissance, elle rectifie les jugements, adoucit la fierté, elle met fin aux discordes et aux querelles ; c'est elle qui établit parmi les hommes, l'harmonie et la justice.

X

Bientôt ma folie paraitra aux yeux de tous les citoyens ; elle paraîtra quand la vérité se fera jour.

XI

Pour le peuple, les meilleurs chefs sont ceux qui ne sont ni trop sévères, ni trop indulgents.

XII

Il faut dire au blond Critias d'écouter son père ; il n'obéira pas à un chef qui a l'esprit égaré.

XIII

Je viens moi-même, comme héraut de la riante Salamine, prononcer devant le peuple un poème au lieu de discours..... J'aimerais mieux être alors un Pholégandrien ou un Sicinite, non plus un Athénien, et avoir changé de patrie. Car à l'instant cette parole retentira parmi les hommes : « Voilà un de ces Athéniens qui ont abandonné Salamine..... » Allons à Salamine, allons combattre pour cette île charmante et repoussons loin de nous la honte.

XIV

J'en appelle à bon droit au témoignage de l'illustre mère de Cronos, la meilleure des divinités de l'Olympe, la noire Terre que j'ai délivrée des bornes dressées en beaucoup d'endroits; jadis asservie, elle est libre maintenant. J'ai ramené beaucoup de citoyens à Athènes, dans leur patrie fondée par une divinité, après qu'ils avaient été vendus par leurs créanciers, les uns justement, les autres avec justice ; les uns, après avoir erré longtemps dans les pays étrangers, n'entendaient plus la langue attique ; les autres étaient restés ici sous une infamante servitude et tremblaient déjà devant leurs maîtres; à tous j'ai rendu la liberté. J'ai accompli ces réformes par l'association puissante de la force et de la justice et j'ai tenu tout ce que j'avais promis. J'ai écrit mes lois pour les bons aussi bien que pour les méchants, et j'ai fait rendre à chacun bonne justice. Un autre, arrivé comme moi au pouvoir, s'il avait été imprudent ou cupide, n'aurait pas agi avec modération et n'aurait pas eu cesse ni fin qu'il n'eût tout brouillé pour s'emparer de la crème du lait.... Car si j'avais voulu faire par force ce qui plaisait alors tantôt à ceux-ci, tantôt à ceux-là, cette ville aurait été la proie de nombreux tyrans et je me serais comporté comme un loup parmi les chiens.

## XV

J'ai fait, avec l'aide des dieux, des choses inattendues et je ne les ai pas faites en vain.

## XVI

Il mangent et boivent, les uns des gâteaux, les autres leur pain, les autres des tartes aux lentilles; il ne leur manque aucune des friandises que la terre fertile produit pour les hommes ; ils les ont toutes en abondance.

## XVII

Mets-toi en garde contre chaque homme en particulier et crains que, cachant quelque animosité en son cœur, il ne s'adresse à toi d'un air souriant et ne te fasse entendre des paroles à double sens inspirées par un esprit pervers.

# SIMONIDE D'AMORGOS

# NOTICE

SUR

# SIMONIDE D'AMORGOS

Par M. HUMBERT

---

Simonide d'Amorgos, fils de Crinès, vivait dans le viie siècle avant Jésus-Christ. Il était né à Samos, mais il ne resta pas dans cette ville. Il conduisit une colonie dans l'île d'Amorgos, une des Cyclades, et y fonda trois villes, Minoa, Ægialus et Arcésine; c'est dans cette dernière qu'il semble avoir établi sa résidence. Plus jeune qu'Archiloque, il composa, après lui, et avant Hipponax, des vers iambiques. Il nous reste de ce Simonide, qui mérite d'avoir sa place parmi les moralistes, un assez long poème sur les femmes, sorte de boutade, parfois un peu rude et grossière, où l'on trouve de l'imagination, de la force et une sorte de gravité naïve.

Simonide d'Amorgos a souvent été confondu avec son illustre homonyme, Simonide de Céos, qui vivait plus d'un siècle après lui. Pendant longtemps les deux fragments des deux poètes ont été mêlés, et c'est ainsi qu'ils se trouvent dans les recueils que nous avons déjà cités, et en particulier dans le *Sylloge poetarum græcorum*, de M. Boissonade. Welcker est le premier qui les ait séparés et qui ait donné une édition séparée de Simonide d'Amorgos (Bonn, 1835, in-8).

# POÈME

DE

# SIMONIDE D'AMORGOS

TRADUIT

PAR M. HUMBERT

## SUR LES FEMMES

A l'origine ce fut sans femme que la divinité fit l'intelligence. Parmi les femmes, celle-ci, née d'une truie au poil hérissé, n'a aucun ordre dans sa maison; chez elle tout roule pêle-mêle dans la poussière et dans l'ordure; elle ne se lave point, porte des vêtements malpropres et s'engraisse, assise sur son fumier.

Cette autre femme, Dieu l'a formée d'un renard malin; elle sait tout; elle n'ignore rien de ce qui est bien, rien de ce qui est mal; elle est tantôt méchante, tantôt bonne, et sa colère l'entraine de divers côtés.

Cette autre, née d'une chienne, est le vivant portrait de sa mère; elle veut tout entendre, tout savoir; tournant les yeux de tout côté, errant partout, elle aboie, même quand elle ne voit personne. L'homme ne peut la faire taire ni s'il la menace, ni si dans sa fureur il lui brise les dents d'un coup de pierre, ni s'il la flatte par de douces paroles, ni s'il lui fait prendre place au milieu de ses hôtes; elle ne cesse de crier sans motif.

Les dieux ont formé cette autre du limon de la terre et ont fait d'elle un fardeau insupportable à son mari; elle ne connaît ni le bien ni le mal; elle n'a qu'une occupation, bien manger, et elle est si paresseuse que, quand l'hiver se fait sentir et qu'elle a froid, elle n'approche même pas son siège de la cheminée.

Vois maintenant celle qui est née de la mer : tantôt joyeuse, elle rit tout le jour; l'hôte qui la voit dans sa maison fait son éloge : « Nulle part, il n'y a de femme préférable à celle-là; il n'y en a pas de plus belle; tantôt elle est insupportable; elle n'est ni à voir, ni à aborder; elle est furieuse et semblable à une chienne couchée près de ses petits; elle devient désagréable, aussi déplaisante à ses amis qu'à ses ennemis. Souvent elle est comme la mer qui, pendant l'été, calme et tranquille, fait la joie des matelots; souvent aussi c'est la mer en fureur, aux flots bouillonnants.

Telle est la nature de la femme qui est née de la mer; elle aussi est inégale et changeante.

Celle qui est formée de la cendre ou d'un âne habitué aux mauvais traitements ne cède, quand il faut travailler, qu'à la nécessité et aux menaces; cachée dans un coin, elle mange bien avant dans la nuit, elle mange tout le jour, elle mange jusqu'au soir ; pour le doux commerce de Vénus, elle prend le premier homme qui se présente à elle.

Celle qui est née de la belette est d'une race malheureuse; chez elle rien de beau, rien de désirable, aucun charme, aucun agrément; elle est inhabile à faire goûter les plaisirs de l'amour et n'est que dégoût pour son mari. Elle fait en cachette beaucoup de mal à ses voisins et souvent se nourrit, avant le sacrifice, des offrandes qui doivent être faites aux dieux.

Celle qui est née d'une fière cavale à la belle crinière dédaigne tout travail servile et ne se donne aucun mal; elle se garderait bien de toucher au moulin ou au crible, de jeter les ordures hors de la maison, ou de s'asseoir auprès du fourneau, dans la crainte de la fumée; c'est par nécessité qu'elle cède à son mari. Elle se baigne deux fois, souvent trois fois par jour et se couvre de parfums; elle laisse flotter sur ses épaules son opulente chevelure qu'elle orne de fleurs. Une telle femme est un objet charmant pour les autres hommes, mais c'est un fléau pour son mari, à moins que celui-ci ne soit un prince ou un roi qui prenne plaisir à une telle parure.

Cette autre est née du singe, et c'est le plus vilain présent que Jupiter ait fait aux hommes; elle est horriblement laide et, quand elle se promène dans la rue, fait rire tout le monde : sa tête remue à peine sur son cou trop court; chez elle rien de charnu ; elle n'a que la peau sur les os. Malheureux le mari qui serre une telle femme dans ses bras! Comme le singe, elle connait toutes les ruses, tous les tours; jamais elle ne sourit, jamais elle ne songe à bien faire. Elle n'a toute la journée qu'un souci, une préoccupation : chercher à causer le plus de mal possible.

Celle-ci est de la race de l'abeille : heureux celui qui l'a en partage. Seule elle ne mérite aucun reproche. Par elle la vie devient florissante et longue; chère à son époux qu'elle chérit, elle vieillit avec lui et donne le jour à une belle et noble famille. Elle brille entre toutes les femmes et une grâce divine est répandue autour d'elle. Elle ne se plaît pas, assise dans un cercle de femmes où se tiennent des conversations licencieuses. C'est Jupiter qui accorde aux hommes de telles femmes si excellentes et si sages.

Mais toutes les autres espèces que nous avons vues sont dues aussi à Jupiter et demeurent parmi les hommes. Car le plus grand fléau que Jupiter ait créé, ce sont les femmes. Quand elles paraissent être utiles à quelqu'un, alors surtout elles lui sont nuisibles. Il est impossible de passer tout un jour dans la joie à celui qui le passe avec une femme. C'est avec peine qu'il repoussera de son foyer la faim, cette divinité cruelle, la plus triste des compagnes. Quand, dans sa maison, l'homme paraît avoir le cœur tout plein d'une joie que lui ont donnée les dieux ou les hommes, la femme, inventant quelque sujet de querelle, se prépare à la lutte. Partout où il y a une maison, jamais hôte ne peut y être bien reçu. Celle qui a l'air d'être la plus raisonnable de toutes est encore la plus dangereuse Elle se joue de la confiance de son mari, et les voisins rient de le voir trompé. Chacun de nous loue sa propre femme et critique celle d'autrui. Nous ne reconnaissons pas que nous sommes également partagés. C'est le plus grand des fléaux que Jupiter nous ait donnés, c'est une entrave indestructible dans laquelle il nous a enchaînés. Il est descendu aux enfers beaucoup d'hommes auxquels les femmes avaient mis les armes à la main.

# PHOCYLIDE

# NOTICE SUR PHOCYLIDE

PAR

M. HUMBERT

---

Phocylide, né à Milet, vivait vers le milieu du sixième siècle après Jésus-Christ. Il ne nous reste qu'un petit nombre de fragments, des maximes dont le style se fait remarquer par sa netteté et son élégante précision. Dion Chrysostome, qui nous a conservé deux des vers de ce poète, les fait suivre de ces réflexions : « Phocylide n'est pas de ceux qui ont composé des œuvres poétiques de longue haleine, comme le poète qui raconte une seule bataille en plus de cinq mille vers : sa composition commence et finit en deux ou trois vers en tête desquels il inscrit son propre nom, comme attachant beaucoup de prix à sa pensée. » Cependant la plupart de ses maximes semblent empruntées à des poètes plus anciens, et le plus long fragment que nous ayons de lui, encore ne contient-il que huit vers, n'est qu'un résumé de la satire de Simonide d'Amorgos.

Les fragments de Phocylide se trouvent dans toutes les collections que nous avons déjà citées. Pendant longtemps on a également attribué à Phocylide un poème didactique en 217 hexamètres que l'on considère aujourd'hui comme apocryphe et fabriqué depuis l'ère chrétienne. Nous avons pensé que la lecture de ce poème souvent cité ne serait pas sans intérêt, et nous en donnons une traduction faite par M. P.-C. Levesque, de l'Académie des Inscriptions et Belles-Lettres.

# SENTENCES DE PHOCYLIDE

TRADUITES

Par M. HUMBERT

---

### I

Si tu veux t'enrichir, cultive avec soin un champ fertile ; car on dit qu'un bon champ est une corne d'Amalthée.

### II

Ceci est encore de Phocylide : Toutes les femmes ont une de ces quatre origines. Elles sont nées d'une chienne, d'une abeille, d'une truie ou d'une cavale à la longue crinière. Celle qui est née d'une cavale est robuste, légère, rapide et très belle. Celle qui est née d'une truie n'est ni méchante, ni généreuse. Celle qui est née d'une chienne est d'humeur difficile et sauvage. Mais celle qui est née d'une abeille est une bonne ménagère, elle sait travailler ; c'est celle-là, mon cher ami, qu'il faut épouser, si tu veux faire un mariage désirable.

### III

Ceci est encore de Phocylide : La plupart des nobles ne sont ni éloquents, ni de bon conseil.

## IV

Ceci est encore de Phocylide : Une petite ville située sur un rocher, si le bon ordre y règne, vaut mieux que l'extravagante Ninive.

## V

Ceci est encore de Phocylide : Il faut que l'ami s'inquiète pour son ami de ce que murmurent les citoyens.

## VI

Il faut que ceux qui sont assis à un banquet où l'on porte les coupes à la ronde boivent le vin en causant agréablement.

## VII

Les modérés ont beaucoup d'avantages; dans la cité je veux être un modéré.

## VIII

Il faut qu'on enseigne à l'enfant de belles actions.

## IX

Évite d'être le débiteur d'un homme méchant, de peur qu'il ne te chagrine en te réclamant à contre temps ce qu'il t'a prêté.

# AUTRES SENTENCES
# ATTRIBUÉES A PHOCYLIDE

TRADUITES

PAR M. P.-C. LÉVESQUE

de l'Académie des Inscriptions et Belles-Lettres

---

I

Ne contracte pas de mariage furtif et scandaleux, ne te livre pas à des amours infâmes.

II

Ne trame point de ruses, ne trempe point tes mains dans le sang.

III

Sache vivre de ce que tu as justement acquis : méprise les richesses que procure l'iniquité. Content de ce que tu possèdes, abstiens-toi de ce qui ne t'appartient pas.

IV

Dans tout ce que tu dis, sois l'interprète de la vérité : ne permets pas à ta bouche le mensonge.

## V

Que tes premiers respects soient pour les dieux, les seconds pour tes parents : accorde à chacun ce qui lui est dû, sans jamais te laisser corrompre.

## VI

Ne rebute point le pauvre. Que tes jugements soient dictés par la justice. Si tes jugements sont iniques, tu seras jugé par Dieu même à ton tour.

## VII

Aie le faux témoignage en horreur. Que ta langue soit l'organe de l'équité.

## VIII

Respecte la virginité : conserve toujours la bonne foi.

## IX

Tiens scrupuleusement la balance égale ; ne la laisse pencher d'aucun côté.

## X

Crains en tout les extrêmes. En quelque chose que ce soit, la beauté résulte de la justesse des proportions.

## XI

Si tu prêtes un faux serment, ton ignorance même ne te servira pas d'excuse ; quel que soit le parjure, la haine de Dieu le poursuit.

## XII

N'enlève pas les semences du laboureur; tout ravisseur est l'objet de l'exécration publique.

## XIII

Ne retiens pas la récompense de l'homme laborieux. Garde-toi d'opprimer le pauvre.

## XIV

Que ton jugement conduise ta langue ; ensevelis ton secret dans ton sein.

## XV

Non content d'être juste, ne permets pas l'injustice.

## XVI

Donne à l'instant au malheureux ; ne lui dis pas de revenir le lendemain et souviens-toi que c'est à pleines mains qu'il faut donner à l'indigent.

## XVII

Sers de guide à l'aveugle ; ouvre ta maison à l'exilé.

## XVIII

Toute navigation est incertaine; prends pitié du malheureux qui a fait naufrage.

## XIX

Présente la main à celui qui tombe ; sauve l'infortuné qui ne peut trouver d'appui. La douleur est commune à tous les hommes. La vie est une roue et la félicité n'a rien de stable.

## XX

Si tu possèdes des richesses, partage-les avec les malheureux et que l'indigence reçoive sa part de ce que Dieu t'a prodigué.

## XXI

Pussent tous les hommes n'avoir qu'un sentiment, une fortune, une vie !

## XXII

Tiens l'épée pour te défendre et non pour frapper et plût à Dieu que tu n'eusses jamais besoin de t'armer, même pour une juste cause, car tu ne peux donner la mort à l'ennemi, que tes mains ne soient souillées.

## XXIII

Ne traverse pas le champ de ton voisin, et respecte son héritage; en tout la modération est belle ; en tout la transgression est condamnable.

## XXIV

Respecte dans la campagne le fruit qui n'est pas encore mûr.

## XXV

Accorde aux étrangers les mêmes égards qu'à tes concitoyens. Nous sommes tous également soumis à l'infortune et la terre elle-même n'offre point à l'homme un sûr appui.

## XXVI

L'avarice est la mère de tous les crimes. C'est l'or qui conduit et qui égare les hommes. Funeste métal, que tu es un guide infidèle! Toi seul causes notre perte; par toi seul tout est renversé. Plût aux dieux que tu ne fusses pas devenu pour nous un mal nécessaire! C'est à toi que nous devons les combats, les rapines, les massacres; par toi les pères ne trouvent que de la haine dans le cœur de leurs enfants; par toi, les frères deviennent les ennemis de leurs frères.

## XXVII

N'aie point un sentiment dans ton cœur, un autre sur tes lèvres. Ne ressemble point au caméléon qui change de couleur comme de place.

## XXVIII

L'homme volontairement injuste est atroce. Je n'ose en dire autant de celui qui obéit à la nécessité, mais sonde bien le cœur du mortel que tu vois agir.

## XXIX

Ne t'enorgueillis ni de tes richesses, ni de ta force, ni de ta sagesse. Dieu seul est sage, seul il est riche et puissant.

## XXX

Compatis aux malheureux; ne sois pas ébloui de l'éclat des grandeurs. L'excès du bien même est funeste aux mortels : plongés dans les délices ils recherchent de nouvelles voluptés. La trop grande richesse conduit à l'orgueil et produit l'insolence. La chaleur du sang dégénère en manie : la colère est un mouvement passager; mais exaltée, elle devient fureur.

### XXXI

Que les maux qui sont passés ne troublent point ton âme. Il est impossible que ce qui est fait ne le soit pas.

### XXXII

Sache commander à ta main et mettre un frein à ta colère. Trop souvent celui qui frappe devient meurtrier malgré lui.

### XXXIII

L'émulation des hommes honnêtes est louable; celle des méchants est funeste.

### XXXIV

L'audace est pernicieuse dans les méchants; elle est d'un grand secours à ceux qui veulent faire le bien.

### XXXV

L'amour de la vertu est honnête; l'amour charnel ne conduit qu'à la honte.

### XXXVI

L'homme d'un caractère aimable et doux fait le bonheur de ses concitoyens.

### XXXVII

N'envie pas le bonheur de tes égaux : ils ont des

défauts, n'aie que de l'indulgence. C'est la félicité des dieux de ne pas connaitre l'envie. La lune n'est pas jalouse de la clarté plus brillante du soleil ; la terre, contente de sa place, n'ambitionne pas la hauteur des cieux ; les fleurs ne disputent pas de grandeur avec les mers : tout est uni dans la nature par une concorde éternelle. Si la discorde se mettait parmi les dieux le ciel serait renversé.

### XXXVIII

Mange, bois, parle avec mesure. Conserve en tout la modération, en tout évite l'excès.

### XXXIX

Fuis toute action honteuse et conserve la tempérance. Ne suis point de dangereux exemples et ne repousse l'injustice que par l'équité.

### XL

La persuasion produit les plus grands biens. Les querelles et les plaintes n'engendrent que les plaintes nouvelles.

### XLI

Ne crois pas légèrement. Considère d'abord quel est le but de celui qui te parle.

### XLII

Il est beau de l'emporter en beaucoup de choses, même sur ceux qui font le bien.

### XLIII

Il vaut mieux offrir à l'instant à son hôte une table

frugale que de le faire attendre pour lui donner, peut-être à contre-cœur, un repas splendide.

## XLIV

Ne sois pas pour le pauvre un créancier rigoureux.

## XLV

N'enlève point à la fois tous les oiseaux du nid, respecte au moins la mère pour avoir encore des petits.

## XLVI

Ne permets point à l'ignorant de remplir les fonctions de juge.

## XLVII

Il n'appartient qu'au sage d'enseigner la sagesse et qu'à l'artiste de prononcer sur l'art.

## XLVIII

L'ignorant est incapable d'entendre les choses élevées; on n'est propre à rien quand on n'a pas cultivé son esprit.

## XLIX

N'attire pas dans ta société de flatteurs parasites; ils n'aiment que la bonne chère, achètent un bon repas par leurs lâches caresses, se piquent aisément et ne sont jamais satisfaits.

## L

Ne mets pas ta confiance dans le peuple; il est toujours inconstant. Le peuple, le feu et l'eau ne peuvent être domptés.

## LI

Conserve la modération, même dans les sacrifices que tu offres aux dieux.

## LII

Accorde un peu de terre aux morts privés de sépulture et ne trouble point la paix des tombeaux. Ne montre point au soleil ce qui doit être caché et n'attire point sur ta tête la vengeance divine.

## LIII

Sera-t-il permis à l'homme de dissoudre ce qui fut lié par le Créateur ? Nous croyons qu'un jour les reliques des morts sortiront de la terre, reparaîtront à la lumière et seront réunies au rang des dieux. Dans les cadavres pourrissants les âmes sont incorruptibles, car l'esprit est l'image de Dieu qui ne fait que le prêter aux mortels. C'est de la terre que nous recevons nos corps. Ils doivent se résoudre en terre et ne seront plus qu'une vile poussière. L'esprit sera rendu à l'air pur dont il est formé.

## LIV

N'épargne pas tes vaines richesses. Souviens-toi que tu es mortel. Jouirons-nous de nos richesses dans les enfers, emporterons-nous nos trésors ?

## LV

Tous les morts sont égaux et Dieu commande aux âmes. Tous seront reçus dans les demeures éternelles, tous auront une commune patrie et les mêmes lieux attendent et les pauvres et les rois.

### LVI

Mortels nous avons peu de temps à vivre; quelques instants nous sont accordés, mais l'âme n'éprouvera pas de vieillesse et jouira d'une éternelle vie.

### LVII

Ne te laisse pas accabler par le malheur ni transporter pas les événements heureux. Il faut se défier souvent dans la vie de ce qui paraît le plus assuré.

### LVIII

Apprends à te conformer aux circonstances et ne souffle pas contre le vent. Un instant amène la douleur, un instant amène la consolation.

### LIX

La raison est une arme plus pénétrante que le fer.

### LX

Dieu a distribué des armes à tout ce qui existe. L'oiseau a reçu la vitesse et le lion la force, le taureau se défend par ses cornes et l'abeille par son aiguillon. La raison est la défense de l'homme.

### LXI

La sagesse est inspirée par Dieu même. Rien n'est supérieur à la raison qui le conduit. L'homme qui n'a que de la force ne peut se mesurer avec le sage. C'est la sagesse qui règle les travaux du laboureur, c'est elle qui régit les cités, elle qui dompte les mers.

## LXII

Ne te pique pas d'une ambitieuse et bruyante éloquence. Ne cherche pas à briller par tes discours, mais à les rendre utiles.

## LXIII

C'est se rendre coupable que de cacher un scélérat et de procurer au crime l'impunité. Dévouer le méchant à la haine, voilà notre devise : vivre avec des criminels, c'est s'exposer à mourir avec eux.

## LXIV

Ne reçois point en dépôt le butin du brigand. Celui qui vole et celui qui recèle sont coupables du même crime.

## LXV

Use sobrement de ce que tu possèdes, et, par de folles profusions, ne te condamne pas toi-même à l'indigence.

## LXVI

Ne rassemble pas en plus grand nombre que tu n'en peux nourrir de ces animaux qui aident l'homme à tirer de la terre sa subsistance.

## LXVII

Distribue à chacun la portion qui lui est due; rien n'est préférable à l'équité

## LXVIII

Remets dans son chemin le voyageur qui s'égare; arrache à la fureur des flots les malheureux qu'ils vont engloutir.

## LXIX

Relève même le cheval de ton ennemi mortel qui est tombé sur la route. Il est bien doux d'acquérir un ami sincère dans la personne de son ennemi.

## LXX

Ne compose pas de poisons; ne consulte pas de livres de magie.

## LXXI

Coupe le mal dans sa racine; guéris la plaie avant qu'elle soit envenimée.

## LXXII

Ne mange point d'animal égorgé pas d'autres animaux; abandonne aux chiens ces restes impurs. C'est aux bêtes féroces à se dévorer mutuellement.

## LXXIII

Respecte la pureté des tendres vierges; ne leur prends pas même la main avec violence.

## LXXIV

Lorsque la guerre s'allume, fuis les querelles et les dissensions.

## LXXV

Ne te nourris pas des restes d'une table étrangère. Dois à toi-même ta subsistance et ne l'achète pas au prix de l'ignominie.

## LXXVI

Ne verse pas tes bienfaits sur les méchants; c'est semer sur les vagues de la mer.

## LXXVII

Travaille; tu dois payer ta vie par tes travaux. Le paresseux fait un vol à la société.

## LXXVIII

N'as-tu pas appris de métier, va donc bêcher la terre. Donne-toi de la peine, tu ne manqueras pas de travaux. Veux-tu te livrer à la navigation? Les mers te sont ouvertes. Veux-tu trouver des occupations champêtres? Les campagnes sont assez vastes.

## LXXIX

Sans le travail rien n'est facile à l'homme, ni même aux immortels : le travail ajoute encore à la vertu.

## LXXX

Lorsque les fruits des campagnes dépouillées par le tranchant de la faucille viennent de récompenser les travaux du laboureur, les fourmis quittent leurs demeures souterraines et reparaissent chassées de leurs retraites par le besoin; elles recueillent les grains d'orge ou de froment abandonnés dans les guérets, et la fourmi, qui traîne sa charge avec peine, est suivie d'une autre fourmi chargée d'un semblable fardeau. Ce peuple, faible à la fois et laborieux, ne se laisse pas vaincre par la fatigue et ramasse pour l'hiver les bienfaits de l'été.

### LXXXI

Fille de l'air, la diligente abeille ne se livre pas à des travaux moins assidus. Elle choisit pour son atelier la fente d'une roche ou le creux d'un chêne antique. C'est là qu'elle dépose le suc précieux qu'elle a recueilli de mille fleurs. Elle en forme des palais innombrables de cire, elle en distille le miel le plus délicieux.

### LXXXII

Ne garde pas le célibat si tu ne veux pas finir tes jours dans l'abandon. Rends à la nature ce que tu lui dois : tu as été engendré, tu dois engendrer à ton tour.

### LXXXIII

Ne prostitue pas l'honneur de ta femme; n'imprime pas une tache flétrissante à tes enfants. Dans le lit d'une adultère naissent des enfants qui ne se ressemblent pas.

### LXXXIV

Respecte les secondes noces de ton père. Que le lit de sa nouvelle épouse soit sacré pour toi. Révère-la comme ta mère dont elle a pris la place.

## LXXXV

Ne t'abandonne point à des amours effrénées; non, l'amour n'est point un dieu; il est de toutes les passions la plus dangereuse et la plus funeste. Mais chéris la compagne de ton sort. Quelle douceur, quelle félicité, quand une sage épouse est aimée de son époux jusqu'à la dernière vieillesse, quand il lui rend toute la tendresse qu'elle lui prodigue, quand les querelles n'ont jamais divisé ce couple heureux!

## LXXXVI

Abstiens-toi de toute union charnelle, qui ne soit pas précédée d'un contrat, et qui ne soit fondée que sur la violence ou la séduction.

## LXXXVII

Ne crains pas moins d'épouser une méchante femme, et que l'appât d'une funeste dot ne te rende pas l'esclave d'une épouse indigne de toi. Imprudents que nous sommes! On nous voit courir toutes les maisons d'une ville pour nous procurer des coursiers de race généreuse, des taureaux vigoureux et des chiens ardents à la chasse, mais nous ne prenons aucune peine pour trouver une femme vertueuse. Les femmes, non moins éblouies par l'éclat de l'or, ne refusent pas de riches et méprisables époux.

## LXXXVIII

N'ajoute pas de noces nouvelles à tes premières noces; ni de nouvelles douleurs à tes premières calamités.

## LXXXIX

Ne montre point à tes enfants un visage sévère; que ta douceur gagne leur amour. S'ils font quelque faute, fais-les corriger par leur tendre mère, fais-les reprendre par les plus anciens de ta famille, par de respectables vieillards.

## XC

Ne souffre pas que tes fils soient frisés comme de jeunes filles et qu'ils laissent mollement flotter sur leurs épaules les boucles de leurs cheveux. C'est aux femmes que sied bien le soin de leur chevelure; cette vanité est indigne de l'homme.

## XCI

Tes enfants ont-ils reçu le dangereux avantage de la beauté, veille sur tes fils, défends-les des attaques de la fureur licencieuse. Que des clefs te répondent de la couche de tes filles; ne permets pas qu'avant le mariage leurs attraits soient aperçus hors du seuil de ta porte. C'est une garde difficile que celle de la jeunesse unie à la beauté.

## XCII

Aime ta famille et fais-y régner la concorde. Respecte les cheveux blancs; cède la place à la vieillesse et ne lui dispute jamais les honneurs qui sont dus à cet âge vénérable. Rends au sage vieillard tous les hommages que ton père recevrait de toi.

## XCIII

Ne prive pas les ministres des autels de la portion des victimes qui doit leur appartenir.

## XCIV

Accorde à tes domestiques une nourriture saine et suffisante. Tu veux qu'ils te chérissent, ne leur refuse pas ce qu'ils ont droit d'attendre de toi. N'abuse pas du pouvoir que la fortune t'a donné sur eux, et n'ajoute pas de nouvelles peines à leurs maux, un nouvel avilissement à leur humiliation. N'accuse pas légèrement auprès de son maître un domestique étranger.

## XCV

Ton valet est-il prudent, ne rougis pas de prendre ses conseils.

## XCVI

Ton âme est-elle saine, ton corps sera toujours pur. Telles sont les lois de la justice. Conformes-y ta conduite, le bonheur t'accompagnera jusqu'à la dernière vieillesse.

FIN DES SENTENCES DE PHOCYLIDE

# PYTHAGORE

# NOTICE SUR PYTHAGORE

PAR

M. HUMBERT

De tous les sages de la Grèce, Pythagore est celui dont le nom a été le plus entouré de légendes merveilleuses. Une tradition généralement adoptée le fait naître dans l'île de Samos, vers l'an 580 avant Jésus-Christ. Il avait pour père Mnésarque, riche commerçant, qui lui fit donner une éducation distinguée. On dit que, non content des maîtres qu'il put trouver dans sa patrie, il se rendit à Milet, pour y suivre les cours de mathématiques d'Anaximandre, puis en Crète et à Sparte où il étudia les législations de Minos et de Lycurgue. Après avoir parcouru la Grèce où il assista aux jeux olympiques où il eut de longs entretiens avec la prêtresse du temple de Delphes, il visita l'Egypte où il séjourna plusieurs années, s'initiant auprès des prêtres à la connaissance de la religion et des sciences du pays. Ce ne fut pas sans peine qu'il y parvint. Pour y réussir, il dut avoir recours à l'autorité du roi Amasis, qui aimait les Grecs, et auquel il avait été recommandé par Polycrate, tyran de Samos. « Ce roi, nous dit Porphyre [1], le recommanda à son tour aux prêtres ; ceux d'Héliopolis l'envoyèrent aux prêtres de Memphis, comme étant les plus anciens ; de leur côté les prêtres de Memphis, se servant du même prétexte, l'adressèrent aux prêtres de Thèbes. Ceux-ci n'osant le renvoyer par crainte du roi et espérant, à force de tribulations, lui faire abandonner son projet, lui imposèrent un noviciat bien dur. Pythagore subit ses épreuves avec tant de courage que les prêtres eux-mêmes s'en étonnèrent et l'admirent aux cérémonies de leur culte, ce qui n'avait encore été accordé à aucun étranger. »

Ce fut aux prêtres égyptiens qu'il emprunta ses doctrines concernant la divinité, la géométrie, l'arithmétique et la transmigration de l'âme dans les corps de toutes sortes d'animaux [2].

Revenu à Samos, Pythagore youvrit une école, dans un lieu qu'on appelle l'Hémicycle et qui servit plus tard de salle de séances aux assemblées politiques de la ville. Outre cette école en quelque sorte publique, il y aurait eu en dehors de la ville une retraite mystérieuse que ses biographes désignent sous le nom d'*antre* et dans laquelle il aurait passé la plus grande partie de sa vie, méditant solitairement ou initiant quelques-uns de ses disciples à ses doctrines les plus secrètes.

---

[1] *Vie de Pythagore.*
[2] Diodore de Sicile, I, 98.

On ne sait pour quel motif il quitta sa patrie et se rendit à Crotone, colonie d'Achéens, fondée à l'extrémité occidentale du golfe de Tarente. Cette ville était l'une des plus florissantes de la Grande-Grèce. Les sciences et les arts y étaient en honneur et Pythagore y reçut le droit de cité.

« C'était alors, nous dit M. Chaignet [1], un homme d'une quarantaine d'années, d'une grande taille, plein de grâce et de distinction dans la voix, dans la physionomie, dans sa personne, unissant à une beauté de visage qui le fit d'abord comparer, puis confondre avec Apollon, une gravité austère qui ne se permettait jamais le rêve, ni la conversation enjouée, ni la plaisanterie. Doué d'une rare éloquence, d'un beau génie, rempli d'une science profonde, étendue, sévère, qu'il avait puisée dans les livres et dans les entretiens des sages et dans le commerce des hommes, Pythagore essaya de réaliser dans Crotone un plan systématique, un idéal de vie, une réforme morale, religieuse et politique qu'il avait sans doute conçue antérieurement. Sa tentative fut d'abord couronnée d'un plein succès. » Il prêchait à la façon d'un missionnaire. Ses discours excitaient la plus vive admiration. On accourait en foule autour de lui ; les citoyens les plus distingués se rangeaient au nombre de ses disciples ; la jeunesse

---

[1] *Pythagore et la philosophie pythagoricienne*, tome I, p.58. Paris, Didier. Cet ouvrage, couronné par l'Académie des sciences morales, est de beaucoup le plus complet que nous possédions sur ce sujet.

surtout recueillait avec enthousiasme ses éloquentes paroles.

Bientôt il établit une sorte d'institut ou de collège qui avait quelque analogie avec les ordres monastiques nés plus tard du sein du christianisme. Les disciples habitaient tous ensemble, avec leurs familles, dans un vaste édifice appelé *omachoion* ou auditoire commun. Ils n'étaient admis qu'après un examen minutieux. Les deux premières années étaient consacrées à une sorte de cours d'éducation : un silence rigoureux était prescrit aux élèves qui devaient surtout exercer leur mémoire en apprenant par cœur des sentences morales et religieuses. L'austérité de ces études était tempérée par la promenade, le chant, la musique, la danse. Après ce noviciat, les jeunes gens étaient admis à entendre directement le maître dont la voix ne leur était parvenue jusqu'alors qu'à travers une cloison : ils le consultaient, ils rédigeaient ses leçons. L'idée fondamentale de son enseignement était que la force et l'épreuve de tous les êtres repose sur un rapport de nombres qui y est contenu, que le monde consiste par l'harmonie et la concordance des divers éléments et que l'harmonie morale est le but suprême de l'éducation humaine. Au bout de cinq ans, les disciples se répandaient dans toutes les parties du monde ancien, mais restaient rattachés par les liens d'une sorte de confrérie à laquelle on a comparé quelquefois l'ordre des Jésuites. Quelques-uns furent même appelés par différentes villes pour y fonder des lois ou pour y établir la concorde, à Caulonia, par exemple, et à Métaponte.

En même temps que Pythagore donnait cet enseignement scientifique, moral et religieux, et s'adressait, dans des sortes de conférences publiques, même aux femmes auxquelles il apprenait les devoirs de leur sexe, il exerçait une grande influence sur le gouvernement de Crotone. A côté des pouvoirs légaux, il avait organisé un pouvoir nouveau qui les dirigeait et les dominait. C'était une société d'environ trois cents membres, appartenant surtout à la classe noble et riche, liés par une communauté de principes moraux, de pratiques religieuses et de sacrifices, et s'engageant envers le Maître et envers l'Ordre à un secret absolu, comme cela avait lieu dans l'initiation des mystères. Cette société, riche, intelligente, disciplinée, finit par déplaire aux Crotoniates. A côté des Pythagoriciens il s'organisa une autre association, celle-là vraiment populaire, sous la direction de Cylon, que Pythagore n'avait pas voulu admettre dans son ordre parce qu'il lui reprochait un caractère violent et impérieux; elle chercha à soulever contre le parti des grands les colères et les ressentiments de la foule. Un soulèvement eut lieu ; soixante membres de l'ordre, cernés, incendiés dans le lieu habituel de leurs séances, périrent au milieu des flammes. Pythagore avait pris la fuite; mal reçu à Locres et à Tarente par les habitants qui voyaient en lui un dangereux réformateur, il se retira à Métaponte, où il se laissa mourir de faim dans le temple des Muses. C'était vers l'an 500 avant Jésus-Christ ; il avait par conséquent quatre-vingts ans.

Dispersés dans toute la Grèce, les Pythagoriciens y répandirent les idées de leur fondateur ; plus tard ils semblent s'être unis avec les Orphiques, c'est-à-dire avec les philosophes et théologiens mystiques qui prétendaient faire remonter leurs doctrines à Orphée. Les derniers restes de cette brillante école disparurent vers l'époque des conquêtes d'Alexandre.

La doctrine morale de Pythagore est contenue dans une sorte de petit catéchisme poétique qu'on appelle les *Vers d'Or* ou les *Vers Dorés*. On s'accorde à reconnaître qu'ils n'ont pas été écrits par Pythagore, et on les attribue généralement à Lysis, un de ses disciples. Mais si la forme n'est pas du maître lui-même, c'est lui qui a inspiré les maximes de cette sorte de décalogue « dont aucune comparaison ne peut faire pâlir la grandeur, la pureté, la simplicité[1], » et à ce titre on peut continuer à les désigner sous le nom de Pythagore.

Le texte de ces vers dont nous donnons la traduction faite par M. P.-C. Lévesque a été publié séparément par Needham, avec le commentaire d'Hiéroclès, Cambridge, 1709, in-8 ; ils ont été réimprimés par Orelli dans les *Opera veterum græcorum sententiosa et moralia*, Leipzig, 1819-1821, 2 vol. in-8. On les trouve aussi dans le volume de M. Boissonade que nous avons déjà cité. Ils ont été traduits en vers français par Fabre d'Olivet, Paris, 1813.

---

[1] Chaignet, *Pythagore et la philosophie pythagoricienne*.

# LES VERS DORÉS
## ATTRIBUÉS A PYTHAGORE

TRADUITS

PAR M. P.-C. LÉVESQUE

de l'Académie des Inscriptions et Belles-Lettres

---

### I

Révère les dieux immortels, c'est ton premier devoir. Honore-les comme il est ordonné par la loi.

### II

Respecte le serment. Vénère aussi les héros, dignes de tant d'admiration, et les demeures terrestres ; rends-leur le culte qui leur est dû.

### III

Respecte ton père et ta mère, et tes proches parents.

### IV

Choisis pour ton ami l'homme que tu connais le plus vertueux. Ne résiste point à la douceur de ses conseils, et suis ses utiles exemples.

### V

Crains de te brouiller avec ton ami pour une faute légère.

### VI

Si tu peux faire le bien, tu le dois : la puissance est ici voisine de la nécessité. Tels sont les préceptes que tu dois suivre.

### VII

Prends l'habitude de commander à la gourmandise, au sommeil, à la luxure, à la colère.

### VIII

Ne fais rien de honteux en présence des autres ni dans le secret. Que ta première loi soit de te respecter toi-même.

### IX

Que l'équité préside à toutes tes actions, qu'elle accompagne toutes tes paroles.

### X

Que la raison te conduise jusque dans les moindres choses.

### XI

Souviens-toi bien que tous les hommes sont destinés à la mort.

### XII

La fortune se plaît à changer : elle se laisse posséder, elle s'échappe. Éprouves-tu quelques-uns de ces revers que les destins font éprouver aux mortels? sache les supporter avec patience; ne t'indigne pas contre le sort. Il est permis de chercher à réparer un malheur; mais sois bien persuadé que la fortune n'envoie pas aux mortels vertueux des maux au-dessus de leurs forces.

## XIII

Il se tient parmi les hommes de bons discours et de mauvais propos. Ne te laisse pas effrayer par de vaines paroles : qu'elles ne te détournent pas des projets honnêtes que tu as formés.

## XIV

Tu te vois attaqué par le mensonge? prends patience, supporte ce mal avec douceur.

## XV

Observe bien ce qui reste à te prescrire; que personne par ses actions, par ses discours, ne puisse t'engager à rien dire, à rien faire qui doive te nuire un jour.

## XVI

Consulte-toi bien avant d'agir : crains, par trop de précipitation, d'avoir à rougir de ta folie. Dire et faire des sottises est le partage d'un sot.

## XVII

Ne commence rien dont tu puisses te repentir dans la suite. Garde-toi d'entreprendre ce que tu ne sais pas faire, et commence par t'instruire de ce que tu dois savoir. C'est ainsi que tu mèneras une vie délicieuse.

## XVIII

Ne néglige pas ta santé : donne à ton corps, mais avec modération, le boire, le manger, l'exercice. La mesure que je te prescris est celle que tu ne saurais passer sans te nuire.

## XIX

Que ta table soit saine, que le luxe en soit banni.

## XX

Évite de rien faire qui puisse t'attirer l'envie.

## XXI

Ne cherche point à briller par des dépenses déplacées, comme si tu ignorais ce qui est convenable et beau. Ne te pique pas non plus d'une épargne excessive. Rien n'est préférable à la juste mesure qu'il faut observer en toutes choses.

## XXII

N'entame point un projet qui doive tourner contre toi-même : réfléchis avant d'entreprendre.

## XXIII

N'abandonne pas tes yeux aux douceurs du sommeil avant d'avoir examiné par trois fois les actions de ta journée. Quelle faute ai-je commise ? Qu'ai-je fait ? A quel devoir ai-je manqué ? Commence par la première de tes actions, et parcours ainsi toutes les autres. Reproche-toi ce que tu as fait de mal ; jouis de ce que tu as fait de bien.

## XXIV

Médite sur les préceptes que je viens de te donner, travaille à les mettre en pratique, apprends à les aimer. Ils te conduiront sur les traces de la divine vertu ; j'en jure par celui qui a transmis dans nos âmes le sacré quaternaire [1] source de la nature éternelle.

## XXV

Avant de rien commencer, adresse tes vœux aux immortels qui seuls peuvent consommer ton ouvrage. C'est en suivant ces pratiques que tu parviendras à connaître par quelle concorde les dieux sont liés aux mortels, quels sont les passages de tous les êtres, et quelle puissance les domine. Tu connaîtras, comme il est juste, que la nature est, en tout, semblable à elle-même. Alors tu cesseras d'espérer ce que tu espérais en vain, et rien ne te sera caché.

---

[1] Chez les Pythagoriciens, la monade ou l'unité représente Dieu même, parce qu'elle n'est engendrée par aucun nombre, qu'elle les engendre tous, qu'elle est simple et sans aucune composition. La dyade, ou le nombre deux, est l'image de la nature créée, parce qu'elle est le premier produit de l'unité, parce qu'elle est inspirée, parce qu'ayant des parties elle peut se décomposer et se défendre. La monade et la dyade réunies forment le ternaire, et représentent l'immensité de tout ce qui existe, l'être immuable et la matière altérable et changeante. J'ignore par quelle propriété le quaternaire, le nombre quatre, est encore un emblème de la divinité.

## XXVI

Tu connaîtras que les hommes sont eux-mêmes les artisans de leurs malheurs. Infortunés ! ils ne savent pas voir les biens qui sont sous leurs yeux ! leurs oreilles se ferment à la vérité qui leur parle. Combien peu connaissent les vrais remèdes de leurs maux ! C'est donc ainsi que la destinée blesse l'entendement des humains ! Semblables à des cylindres fragiles, ils roulent çà et là, se heurtant sans cesse, et se brisant les uns contre les autres.

## XXVII

La triste discorde, née avec eux, les accompagne toujours et les blesse, sans se laisser apercevoir. Il ne faut pas lutter contre elle, mais la fuir en cédant.

## XXVIII

O Jupiter, père de tous les humains, tu pourrais les délivrer des maux qui les accablent, leur faire connaître quel est le génie funeste auquel ils s'abandonnent.

## XXIX

Mortel, prends une juste confiance; c'est des dieux mêmes que les humains tirent leur origine. La sainte nature leur découvre tous ses secrets les plus cachés. Si elle daigne te les communiquer, il ne te sera pas difficile de remplir mes préceptes. Cherche des remèdes aux maux que tu endures : ton âme recouvrera bientôt la santé.

## XXX

Mais abstiens-toi des aliments que je t'ai défendus. Apprends à discerner ce qui est nécessaire dans la purification et la délivrance de l'âme. Examine tout ; donne à ta raison la première place et, content de te laisser conduire, abandonne-lui les rênes.

## XXXI

Ainsi, quand tu auras quitté les dépouilles mortelles, tu monteras dans l'air libre ; tu deviendras un dieu immortel et la mort n'aura plus d'empire sur toi.

FIN DES VERS DORÉS DE PYTHAGORE

# ARISTOTE

# NOTICE SUR ARISTOTE

PAR

M. HUMBERT

---

Aristote naquit à Stagire, en Macédoine, l'an 384 avant Jésus-Christ. Fils de Nicomaque, médecin du roi Amyntas, il eut pour maître d'abord son père, puis un certain Proxène, qui était d'Atarne, en Asie Mineure ; vers 367, il vint étudier à Athènes où Platon, qui le remarqua, l'appela l'*Intelligence de l'École*. Il y resta de longues années et devint maître à son tour, combattant le mauvais goût de l'école de rhétorique d'Isocrate et les doctrines de son ancien condisciple Xénocrate, qui dirigeait l'Académie.

Vers 349, il se rendit en Asie, auprès d'un de ses anciens élèves nommé Hermias, tyran d'Atarne, qui avait formé le projet d'arracher toutes les cités grecques de l'Asie Mineure au joug des Perses ; mais un transfuge grec attira Hermias dans un piège et le livra aux mains d'Artaxerxès Ochus qui le fit étrangler. Sous le coup de la douleur causée par la mort de ce disciple bien-aimé, Aristote composa l'*Hymne à la vertu* qui lui assure le premier rang parmi les poètes lyriques de son siècle et dont on a dit qu'il était l'une des plus sublimes inspirations du génie antique.

Plus tard Aristote éleva à Hermias un mausolée dans le temple de Delphes et y fit graver cette inscription qui nous a été conservée par Diogène Laerce :

« Un roi de Perse, violateur des lois, fit mourir celui dont on voit ici l'image. Un ennemi généreux l'eût vaincu par les armes : ce traître le surprit sous le voile de l'amitié. »

Après avoir quitté Atarne, Aristote se rendit à Mitylène, où il épousa Pythias, la sœur de son ami ; il en eut une fille qui fut nommée comme sa mère. En 343, Philippe, avec lequel il était lié depuis l'enfance, l'appela en Macédoine pour lui confier l'éducation de son fils Alexandre. Aristote resta huit ans auprès de son royal élève, puis il retourna à Athènes où il fonda l'école de philosophie si célèbre sous le nom de Lycée.

Il enseignait en se promenant ; de là le surnom de *Péripatéticien* qu'on donne aussi à son système et à ses disciples. Le matin, ses leçons s'adressaient aux élèves les plus avancés et avaient pour objet les questions les plus difficiles ; le soir, elles étaient faites pour le plus grand nombre, et l'enseignement était plus accessible et plus brillant.

Ce fut à ce moment qu'Aristote publia ses principaux ouvrages. Nous n'avons pas à les énumérer ici, nous dirons seulement qu'ils sont très nombreux, parce que pour lui la philosophie embrassait toutes les sciences, excepté l'histoire.

Après la mort d'Alexandre, Aristote se vit forcé, sur une accusation d'impiété, mais en réalité par suite de la haine du parti antimacédonien, de quitter Athènes et de se retirer en Eubée, à Chalcis, où sa vie était plus en sûreté. Il y mourut en 322, peu de temps avant Démosthène.

L'*Hymne à la vertu*, cité par Athénée (XV, 16), et par Diogène Laerce (V, 7), se trouve dans le recueil des *Poètes lyriques grecs* de Bergk que nous avons déjà cité ; il a été traduit en vers français par Firmin-Didot, Paris, 1832.

# HYMNE A LA VERTU

TRADUIT

PAR M. HUMBERT

---

O Vertu, objet constant des travaux de la race mortelle, le plus noble but que nous puissions poursuivre dans notre vie! mourir pour ta beauté, ô Vierge, supporter pour elle les plus durs travaux, c'est dans la Grèce un sort digne d'envie; si vive est la passion que tu jettes dans le cœur, si durables les fruits que tu procures, et qui ont plus de prix que l'or, d'illustres parents ou le sommeil le plus doux! Pour toi, le fils de Jupiter, Hercule, et les deux jumeaux, enfants de Léda, endurèrent des fatigues sans nombre, cherchant par leurs exploits à te posséder. Par amour pour toi, Achille et Ajax descendirent dans la demeure de Pluton. Pour ta chère beauté le nourrisson d'Atarne[1] a perdu la lumière du soleil. Aussi, déjà illustre pour ses œuvres, les Muses le rendront immortel, les Muses, filles de Mnémosyne, qui célèbrent la gloire de Jupiter Hospitalier et les amis constants et fidèles.

[1] Hermias. Voir la Notice sur Aristote.

# TABLE DES MATIÈRES

Avertissement des Éditeurs... ........................ I

## HÉSIODE

Notice sur Hésiode, par M. Guigniaut................ 5
La Théogonie, traduction de M. Patin................ 19
Le Bouclier d'Hercule, traduction de M. Patin......... 83
Les Travaux et les Jours, traduction de M. Patin...... 101

## THÉOGNIS

Notice sur Théognis de Mégare, par M. Jules Girard... 135
Sentences de Théognis de Mégare, traduction de
  M. Patin............................................... 143

## CALLINUS

Notice sur Callinus d'Éphèse, par M. Humbert......... 193
Élégie de Callinus, traduction de M. Humbert.......... 195

## TYRTÉE

Notice sur Tyrtée, par M. Guigniaut.................... 199
Poésies de Tyrtée, traduction de M. Humbert.......... 205

## MIMNERME

Notice sur Mimnerme, par M. Humbert................. 213
Poésies de Mimnerme, traduction de M. Humbert...... 215

## SOLON

Notice sur Solon, extraite de Plutarque, traduction de
  Ricard.................................................. 221
Poésies de Solon, traduction de M. Humbert........... 253

## SIMONIDE D'AMORGOS

Notice sur Simonide d'Amorgos, par M. Humbert...... 265
Poème de Simonide d'Amorgos, traduction de M. Humbert............................................................ 267

## PHOCYLIDE

Notice sur Phocylide, par M. Humbert................ 273
Sentences de Phocylide, traduction de M. Humbert.... 275
Autres Sentences attribuées à Phocylide, traduction de P.-C. Lévesque..................................... 277

## PYTHAGORE

Notice sur Pythagore, par M. Humbert................ 297
Les Vers dorés, traduction de P.-C. Lévesque........ 303

## ARISTOTE

Notice sur Aristote, par M. Humbert................. 313
Hymne à la Vertu, traduction de M. Humbert......... 317

Le Mans. — Imprimerie Edmond MONNOYER.

www.ingramcontent.com/pod-product-compliance
Lightning Source LLC
Chambersburg PA
CBHW060413170426
43199CB00013B/2120